AF378096

ESTE LIBRO
LE PERTENECE A:

____

____

15 CONSEJOS MALVADOS PARA SER UN ADULTO INDEPENDIENTE CON GUSTOS BIEN DEMENTES

VANIA BACHUR

Altea

15 consejos malvados para ser un adulto independiente con gustos bien dementes

Primera edición: octubre, 2025

D. R. © 2025, Vania Bachur

D. R. © 2025, derechos de edición mundiales en lengua castellana:
Penguin Random House Grupo Editorial, S. A. de C. V.
Blvd. Miguel de Cervantes Saavedra núm. 301, 1er piso,
colonia Granada, alcaldía Miguel Hidalgo, C. P. 11520,
Ciudad de México

penguinlibros.com

D. R. © 2025, Vania Bachir, por las ilustraciones y diseño de portada e interiores

ÍNDICE

Este libro me ayudó a sanar, espero que también haga lo mismo por ti.

1. ¿Ya soy un adulto independiente?

Desde qué punto de vista vas a empezar a leer este libro

Hablando por mi generación, y sintiéndome casi la abanderada de los millennials... después un arduo análisis cero científico y lleno de muchas pláticas con amigos, me siento con la entera confianza de afirmar que somos una gran generación, esa que se está atreviendo a trabajar en su salud mental, que creció con papás boomers que podían comprar su primera casa en sus veintes y que a los treintas ya eran señores hechos y derechos; nos tocó crecer con la televisión como nuestra niñera y sabemos usar los teléfonos de antes, sí, esos de ruedita. Para nosotros el gran salto tecnológico fue tener nuestros primeros celulares en la universidad, esos que parecían ladrillos o algo así. Es más, creo que podríamos sobrevivir a un apocalipsis en el que nos quedáramos sin tecnología porque sabemos usar las cosas de antes. **En caso de que seas de otra generación, como la X, está bien sentirte identificado, este es un círculo de confianza y nadie te va a juzgar ja, ja, ja.**

NUESTRA MÚSICA YA ES UN "CLÁSICO"
SEGUIMOS CONFUNDIDOS COMO ADOLESCENTES
TENEMOS QUE COMER SANO SÍ TENEMOS
YA NOS TRUENA LA RODILLA
COLECCIONAMOS POR NOSTALGIA
EL DINERO NOS ALCANZA PARA LO QUE QUEREMOS
YA USAMOS CALZADO CÓMODO

Hemos vivido tantos cambios tan rápido que nos hemos tenido que ir acoplando a esta locura a saltos agigantados. Somos una de las primeras generaciones que saben lo que es consumir por nostalgia y sin pena las cosas que nos hicieron felices en nuestra infancia. Nos atrevemos a sanar y a convertirnos en la persona que necesitábamos cuando éramos pequeños. Hoy nos es casi imposible tener una casa propia, a nuestra edad nuestros papás ya tenían varios hijos, coche, vacaciones familiares y bigote con patillas. Nosotros andamos decidiendo si queremos adoptar una mascota o no porque es mucha responsabilidad; coleccionamos momentos, amamos viajar y sí, nosotros inventamos la selfie y vimos nacer las primeras redes sociales.

En resumen, creo que nos cuesta mucho envejecer porque estamos cansados de que todo haya pasado tan rápido que ni nos dimos cuenta. Además, muchos de nosotros nos seguimos viendo increíblemente jóvenes, incluso más que la generación que sigue. Digo, no es una regla que se aplique a todos, pero ya te dije que no soy **100tífika** ja, ja, ja. Hablo de experiencias propias y lo que puedo observar en mi entorno.

El aceptar nuestra adultez es demasiado estresante, por lo que preferimos vivir con esa eterna alma joven antes que admitir que ya estamos señores. Y sí, algunos de nosotros ya somos chavorrucos.

UN DÍA ESTÁS EN TUS VEINTES Y AL OTRO ¡PUM!, DESPIERTAS EN TUS CUARENTAS O QUIÉN SABE CUÁNTOS AÑOS MÁS.

Pero está bien, no quiero que entres en pánico, respira profundo, exhala despacio y medítalo. ¿Sabes?, hace un par de años presencié una pelea entre dos primos y uno de ellos se sintió mega ofendido porque le dijeron: "¡YA ESTÁS GRANDE!".

Esa persona sintió que le habían echado en cara su edad como si fuera algo malo, como si le hubiera caído encima la lepra; en realidad estaba actuando de una manera inmadura y ya, eso fue todo.

A mí me dio risa porque hace algunos años, cuando estaba por sacar mi primer libro (el rosa), me enfrenté a la posibilidad de estar tan enferma que en una de esas mi vida se iba a acabar de manera súbita.

Claramente lo superé y te juro que desde ese momento disfruto cumplir años, me encanta ver si se me forma una que otra línea de expresión, y es que eso significa que sigo viva, que me he reído o enojado tanto que mi cuerpo ha quedado marcado de alguna manera.

No le tengas miedo a *ya estar grande*, ten miedo a no tener el tiempo suficiente para vivir y trabajar tus sueños. Al final, todos somos como las frutas, vamos a madurar, nuestra piel se va a poner un poco flácida por acá y por allá, pero ¿sabes?, ese es el ciclo de la vida, está bien y es normal.

Y para no hablar solo de lo físico, también abordemos lo mental. Tienes que aceptar la edad que tienes y las responsabilidades que vienen con ello, así como aquella frase que el tío Ben le dijo a Peter Parker. No es que de pronto debas dejarte crecer la barba o te compres un bastón, es que debes ser una persona responsable, autónoma, aprender a pagar impuestos, ayudar en lo que puedas a los demás y tratar de siempre mejorar tu entorno y, sobre todo, mejorar tu vida, porque siendo realistas, nadie más lo hará por ti.

COSAS QUE ME ESTRESAN VS.
COSAS QUE ME GUSTAN DE SER
GRANDE:

NO TOMES CRÍTICAS "CONSTRUCTIVAS" DE ALGUIEN QUE NO HA CONSTRUIDO NADA...

Disfruta lo vivido, de todo aprendes, en verdad todo tiene una lección.

No me lo vas a creer pero justo esto lo estoy escribiendo en la cafetería de un hospital en un país ajeno al mío. Por cuestiones del destino terminé aquí, y al principio andaba en el drama quejándome, porque bien podría estar disfrutando de mis tan ansiadas vacaciones, pero después de una larga reflexión y de un autoregaño, descubrí que esto también pasó por algo, y no me refiero a un mero pensamiento mágico de ley de la atracción y esas cosas. Simplemente, tengo que ver lo positivo en todo esto, o de otra manera ya me hubiera vuelto loca. Precisamente en este momento dije: bueno, tengo pendiente mi libro, lo he estado postergando, igual y me pongo a escribir. No tienes idea de cómo han estado fluyendo las palabras como mantequilla en un hot cake calientito.

Déjame decirte que todo por lo que has pasado te ha formado como el adulto que ahora eres. A mí, en particular, de las circunstancias y experiencias negativas me gusta tomar las cosas como "lo que no quiero ser", o "yo no quiero parecerme a esa persona y actuar así". Ahora quisiera contarte algo que no he dicho en otros espacios pero me parece valioso compartírtelo a través de este libro porque quizás te identifiques y comprendas que si pasaste por algo similar, no estás solo. No quiero que confundas esto con positivismo tóxico, no te creas, eso a mí también me saca ronchas y sus discursos sin sentido ni claridad alguna me hacen sentir incómoda.

Durante mi infancia me enfrenté a la convivencia con una bruja, así llamaremos a una en particular de aquí en adelante; no tengo nada en contra de las brujas, de hecho, amo a las hermanas Sanderson de *Hocus Pocus*, pero me parece prudente no mencionar su parentesco hacia mi persona y es importante que la recuerdes porque la mencionaré en varias ocasiones, y no es que lo merezca, pero me enseñó todo eso que yo no quiero ser en la vida. De ella aprendí que las "críticas constructivas" que vienen de una persona llena de resentimiento que nunca ha construido nada en la vida no tienen validez.

Ahora en mi edad adulta sé cómo enfrentar ese tipo de comentarios porque con la bruja parecía ya un deporte olímpico esquivar los suyos mal intencionados sobre mi apariencia física.
Esa experiencia en particular hizo que mi piel fuera más dura, que aprendiera a tomar las críticas de quien vienen y a meterlas en mi cajita de cosas que no me importan porque son dichas por personas **nadaqueverientas**.

ANATOMÍA DE UNA PERSONA NADAQUEVERIENTA

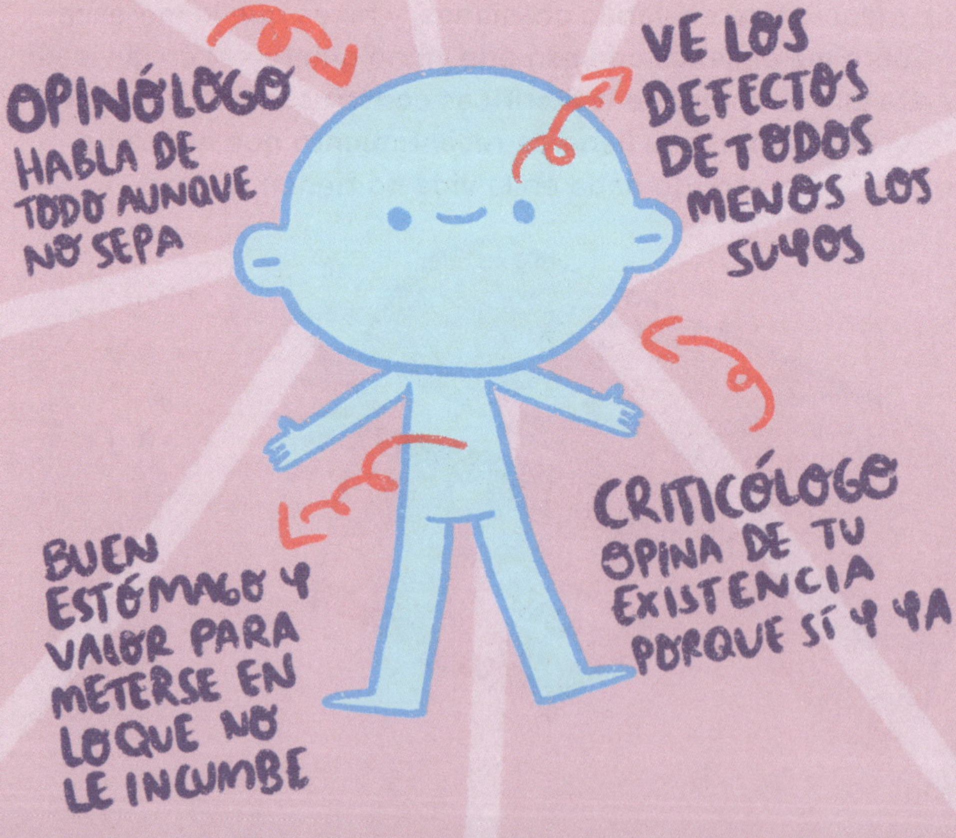

Y a estas alturas, quiero que tengas en claro que muchas de las cosas que trataremos en este libro las verás ejemplificadas con anécdotas mías, porque en verdad tengo muchas para dar y repartir, pero más que eso quisiera decirte que los humanos aprendemos experimentando, imitando o viendo a otras personas. Además, uno siempre crea, o en este caso, escribe de lo que mejor conoce, y qué mejor que de la vida propia.

Es importante tener un propósito de vida, un objetivo, pero no solo soñarlo y decir: "Ay, así un día yo quiero tener un Ferrari", y nunca mover un dedo para trabajar y lograrlo. No, mi cielis, así no funciona este mundo capitalista en el que vivimos. Primero debes soñar con una meta, no importa que suene imposible; después trazas un plan, cómo puedes llegar ahí aunque la gente te tache de ser una persona loca. Y sí, será un proceso lento, pero lento en serio y sí, muy doloroso, lleno de decepciones, altibajos, y tal vez hasta cambies varias veces de camino o meta. Con esto me refiero a que tus sueños son moldeables, puede que hayas soñado con ganar una medalla olímpica pero ya te encuentras en una edad en la que no puedes competir en gimnasia olímpica juvenil, pero en una de esas te puedes convertir en narrador, entrenador, auxiliar... las posibilidades son muchas. ¿Sabes?, acabo de recordar que tengo un amigo que siempre soñó con ir a las olimpiadas y lo ha logrado varias veces, con todo y que no es atleta, en realidad estudió Ciencias de la Comunicación y siempre se va de voluntario.

COSAS QUE ME GUSTARÍA HABER
LOGRADO Y CÓMO PUEDO CUMPLIRLAS
(reajustando mi sueño):

Hay personas que casi casi naciendo ya sabían lo que querían hacer el resto de sus vidas, y otras que lo descubren en el camino. Está bien, todos somos diferentes, crecemos en contextos distintos y así es la vida. Si eres de las segundas, déjame decirte que debes pensar en algo en lo que eres medianamente bueno, que se te facilita y no te aburre, tómalo como una guía y enfócate en mejorar en ello, hazlo una y otra vez. Te vas a cansar, te vas a desesperar y luego continúa, o como diría mi papá: "Para ser bueno en algo, primero tienes que ser un completo tonto". Él lo dice de manera más florida y majadera, pero dejémoslo así.

Yo desde los tres años de edad decía que iba a dibujar monos y que iba a hacer libretas, obviamente no tenía ni idea de cómo se hacía eso, pero fue tan claro para mí, casi como respirar. Casi todos los días de mi vida he dibujado como loca, en mi estilo, con mis posibilidades, ha sido un camino larguísimo y sí, pareciera una montaña rusa que a veces me hace gritar y llorar de miedo y otras me siento en la cima de lo más feliz. Aun así, créeme que veo dibujos que hice hace un año y digo: "Ay, no me gusta nada, en qué demonios estaba pensando", pero hasta eso es un punto positivo, porque yo misma puedo detectar un avance así.

Hace un par de días hablaba con mi terapeuta y me dijo que por lo que ven las personas en mis redes sociales deben pensar que tengo una vida perfecta, llena de unicornios y arcoíris; pero, por otro lado, no ven todo el trabajo que me ha costado y que sigo pagando para estar aquí, esa depresión y ansiedad que me acechan a cada momento, que solo me distraigo tantito y me atacan. **El nivel de estrés con el que vivo día a día otra vez estuvo a punto de llevarme a visitar a san Pedro...** de nuevo tuve que lidiar con un tema médico derivado de todo con lo que debo cargar por querer vivir de mis monos, como decía de pequeña. No es queja, amo mi trabajo y nada se compara al sentimiento de ver publicado otro de mis libros, o de encontrarme contigo que estás leyendo este, pero en persona, y que me digas que uno de mis libros te ayudó a cambiar tu vida para mejor.

El estrés y la ansiedad que vienen con las exigencias del trabajo son algo que he aceptado y que estoy manejando, porque para tener una gran vida también debes aceptar hacer grandes sacrificios. Pero todo esto lo trabajo con profesionales de la salud mental para que no todo sea pura lloradera o corajes y sí, es un privilegio poder hacerlo, y ten en cuenta que lo repetiré en varias ocasiones.

Hace exactamente dos meses estaba muy enferma. Recuerdo que tuve que salir a comprar algo y pasé frente a un corporativo, justo a la hora en la que los oficinistas salen a comer, los vi riéndose, siendo felices y pensé: "Los envidio, envidio su tranquilidad". Y es que uno siempre ve el pasto más verde en otros lados.

En este mundo de redes sociales nos la pasamos comparando nuestra vida con las de nuestros amigos, excompañeros de la escuela e influencers y celebridades, pero lee esto con atención: nadie tiene una vida perfecta y tampoco nadie va a andar publicando puras tragedias. Ya me imagino a mí posteando mis análisis o mis cajas de medicamentos. Todos posteamos nuestras mejores caras, nuestra vida también la mostramos llena de filtros, y es normal.

$$♥ Costos emocionales que me causa el ver vidas perfectas en redes...

Y no creas que se trata de algo actual que solo pasa por internet. Antes nuestros padres se fijaban en la vida de los vecinos más cercanos o, por ejemplo, ¿sabías que la realeza desde hace siglos ya mandaba a embellecer los retratos pintados que les hacían? Sí, mi cielis, no era photoshop tal cual, pero también les aplicaban el filtro a sus pinturas, y es que pues nadie quiere ser recordado con su peor cara o pose. Solo por salud mental ten muy en claro que no sabes por lo que está pasando la persona que siempre sube fotos siendo perfecta y feliz. Ten más compasión y piénsalo bien cuando quieras criticar a alguien por tener la vida perfecta, porque al igual que tú, que yo y que todos, nadie la tiene.

COSAS QUE AMO DE MI REALIDAD Y QUE NO NECESITO COMPARTIR EN INTERNET:

Tu vida no tiene que cumplir con las expectativas de lo que alguien más piensa que es la felicidad. Tú creas tu mundo en el que te sientes bien. Esto me lleva a que a principios de mis veintes la bruja se la pasaba preguntándome de manera incómoda que cuándo iba a tener novio, que ya se me estaba pasando el tiempo. Siempre intentaba ignorarla o contestaba con sonrisas incómodas, con un "ya pronto". La realidad es que no hacía mucho tiempo me habían roto el corazón y no quería saber nada de nadie, pero era tanta la insistencia que hasta mis propios hermanos se dieron cuenta; pero aaaah, como debes respetar, y más si son mayores que tú, como si eso los convirtiera en personas automáticamente buenas y perfectas, nunca le reclamaron de frente que dejara de molestarme.

Entonces idearon un plan en el que uno de mis amigos se hiciera pasar por mi novio para que así ella ya no me tuviera en su radar como *persona non grata* porque casi casi estaba solterona, según sus estándares. Mucho tiempo mantuve bloqueados esos recuerdos, ¡qué horror!, hasta parece historia de telenovela. Cómo una persona puede poner tanto peso sobre ti y tus decisiones de vida como para traerte siempre en alerta y tener que inventar una historia para que deje de molestarte en cada reunión familiar.

Pasaron los años y en una fiesta le presenté a Damito, el, ahora sí, amor de mi vida. La bruja, ya con unas copas encima, se acercó a mi oído y me dijo: "Ay, qué bueno que conociste a este muchacho porque yo pensé que te ibas a quedar solita". ¡Wow!, claro porque el ser una mujer sola y plena en tu edad adulta de inmediato te convierte en un monstruo lleno de escamas, según ella, o algo así. Quiero que sepas que no necesitas tener una pareja para ser feliz, no necesitas tener el Ferrari o el trabajo con título nobiliario, tú creas tu felicidad, no debes llenar vacíos existenciales de las personas que te rodean y de lo que creen que es mejor para ti. Somos muy buenos para opinar sobre las vidas ajenas pero padecemos de ceguera selectiva a la hora de fijarnos en nuestros propios problemas.

Cuando alguien realmente te quiere, se preocupa por ti y te da un consejo o una crítica, lo hará desde la compasión y preocupación, y eso realmente se nota. Y si se la pasan diciéndote que ya se te está escapando el tren, por favor, toma unos minutos para ponerte a pensar: ¿te importa el tren?, ¿es un tren que te interesa tomar?, ¿has pensado que también hay otros medios, como aviones y coches?

Vive feliz, de todas maneras van a hablar mal de ti. Y tu vida le va a molestar a alguien.

¿ALGUIEN TE HA DEFENDIDO DE UN MAL COMENTARIO?
(escribe ese recuerdo, sácalo y déjalo ir...)

2. Tienes derecho a que te guste lo que te gusta

No es una crítica de moda, es una cuestión de libertad:
sé libre, la vida es demasiado corta para no vestirte
con lo que realmente quieres. Y yo sé, hay muchas
profesiones y circunstancias que no se lo permitirán a
todos pero al menos puedes hacerlo en tus ratos libres.
Empieza de a poquito: que si los aretes, que si los
zapatos, que solo el fin de semana. **Tienes todo el
derecho de expresar lo que eres y de usar lo que te
gusta. Hazlo, tu estilo le va a incomodar a alguien pero
ten por seguro que muchos otros lo van a amar.**

ÍCONOS DE LA MODA
(PARA VANIA)

Imagina que a todos nos gustara exactamente lo mismo y vistiéramos igual, sería el mundo más aburrido del universo entero. La manera en la que nos vestimos es una rama muy importante que forma parte de nuestra personalidad y del cómo nos expresamos. Recuerda que no eres un ser eterno semidiós del Olimpo, y que al igual que yo, algún día nos vamos a ir de este plano y, a mi parecer, prefiero irme con los recuerdos de haberme atrevido a ser yo y dejar de intentar encajar.

En mi caso, el que alguien critique de manera maliciosa mi apariencia y mi forma colorida de vestir no hará diferencia alguna, yo seguiré siendo feliz y libre. Algo que les menciono con frecuencia en mis videos es que mi ropa sigue ahí en mi clóset y quien la usa soy solo yo. No es como que al ver una foto mía tengas que firmar ante notario un contrato en el que ya debes ser un clon mío y vestirte igualito a mí, simplemente esta soy, **y si no te gusta cómo me veo, no pasa nada.**

Defiendo muchísimo este aspecto de mi vida porque desde pequeña me ha gustado vestirme como un arcoíris andante, amo los estampados coloridos y por lo mismo recibía comentarios no requeridos de las dichosas brujas. Recuerdo perfecto que en mi adolescencia una de esas brujas se acercó a mí y mientras me miraba de arriba abajo me dijo: **"Lo bueno es que cuando trabajes ya vas a tener dinerito para vestirte bien"**, luego procedió a señalar a una persona en específico con la que siempre me comparaban. Y es que ese atuendo tan escandaloso que traía consistía en unos pantalones tipo cargo con una blusa rosa con rayas cafés y también llevaba un collar de un corazón rosa. Esa persona en particular se refería a que debería de vestir a la moda y con ropa de marca; en esa época, en específico, mi familia y yo estábamos pasando una crisis económica gravísima, con trabajo y podía conseguir algo que me gustara para combinarlo de manera creativa y lograr algo medianamente bueno.

¿Sabes?, ahora ese estilo raro que desarrollé me ha llevado a compartir muchas cosas lindas con ustedes, a veces hasta me chulean mis outfits y se siente bonito. Cuando esto sucede y te levanta el ánimo no es porque necesites validación externa, sino porque sanaste y te das cuenta de que estás ayudando a otras personas a atreverse a sanar y a sentirse cómodas consigo mismas.

MIS PRENDA FAVORITAS
(no solo de ahorita, de siempre):

Estoy harta de los videos que nos muestran las nuevas tendencias y de todo lo que tienes que sacar de tu clóset de manera inmediata para seguir "a la moda". Hermana, en estos tiempos en los que hay desiertos llenos de ropa que ahora es considerada basura porque nos han acorralado y acostumbrado a tener prendas que solo duran dos puestas, no nos podemos dar el lujo de tirar a la basura la ropa que algún día nos hizo muy felices. Simplemente transfórmala, ponle otros accesorios, úsala diferente y ya.

Y es más, cuando tienes un estilo tan definido no es necesario correr detrás de tendencia porque puedes tener ropa desde hace añísimos que te sigue sirviendo, te hace ver espectacular y lo más importante es que te hace sentir cómoda.

Por ejemplo, de pronto subo un video o una foto de algún buen look que me haya armado y de inmediato me preguntan de dónde es tal pantalón o zapatos y yo así de "no, pues lo compré hace diez años ja, ja, ja".

Para mí querer cambiar de estilo para mantenerte a
la moda es como querer cambiar la manera en la que
escribes: todos tenemos cierto estilo de letra que vamos
desarrollando con los años en la escuela, el tuyo es
parte de ti y gran parte de tu vida escribirás así, no
es como que alguien llegue y te diga:
"Uy, no, ya no escribas así, se ve anticuado".
A mí me da risa cuando me dicen que me visto muy
infantil y llena de color, que soy una ridícula, y siempre
respondo lo mismo: "Tengo una marca kawaii toda
tierna, ¿acaso esperan que me vista como Drácula?". Yo
expreso mi personalidad a través de mi ropa, así como
lo hace un rapero, alguien darks o un alto ejecutivo.

También piensan que "nadie me va a tomar en serio". Mi estilo tan peculiar de ver la vida me ha llevado a ser CEO de mi propia empresa, a tomar juntas con altos ejecutivos, a ser entrevistada para programas o publicaciones vestida como yo misma, seguramente con algo rosa, y por siempre usando zapatos brillosos.

Si me conoces desde hace tiempo, o por lo menos has visto mis fotos en redes sociales, habrás notado que ¡me encantan los zapatos!, y si son con brillos, uuuf, mucho más. Pero también hay una historia detrás de eso. Cuando tenía unos cuatro años de edad, mis papás descubrieron que tenía un problema ortopédico, lo que me llevó a usar unas botas con agujetas que parecían de luchador de los años cincuenta, solo había negras o blancas, y por la noche, para dormir, tenía que usar otras botas que estaban pegadas a un tipo de tabla. Y sí, me hacían burla por ello.

Un día estaba frente a la vitrina de la zapatería mientras mi mamá pedía mis botas ortopédicas, había unos zapatos rosa para niña con una correa y un moño al frente y no podía dejar de verlos. Me acuerdo que me vi en el reflejo del vidrio y dije: "Cuando sea grande voy a trabajar tanto que me voy a comprar todos los zapatos más brillosos y bonitos del mundo". Lo hice, sané, y cada vez que me pongo mis zapatos locos eso representa algo muy especial para mí.

Recorta de revistas, imprime o dibuja la ropa que realmente te gustaría usar y ponla aquí ⟵

Cuando me convertí en figura pública me di cuenta de que hay personas que parece que reciben por correo electrónico su permiso oficial de criticar y ofender a alguien por medio de redes sociales aunque no lo conozcan. También dicen que tienen el derecho a expresarse y que los que salimos haciendo videos nos tenemos que atener a eso. ¡¿Quééé?! En mi caso, yo solo quería vivir de mis dibujos, siempre he sido muy tímida, tengo problemas de ansiedad social y luego me enfrenté al hecho de que a veces tengo que soportar lo que la gente escriba sobre mí de manera maliciosa.

Mira, es muy fácil... si un buen día vas caminando por la calle y pasa alguien desconocido y te grita majaderías, critica tu físico o te avienta varias palabras hirientes, **¿en verdad solo lo vas a ignorar?** Por seguridad sí, pero eso no quiere decir que no te duela, y es como si yo te dijera que por salir a la calle "tienes que atenerte a las consecuencias" y a la gente loca que te encuentres y te grite PORQUE TIENE EL DERECHO DE EXPRESARSE. ¿Verdad que suena raro?

Y ojo, esto no solo aplica a personas que vivimos como figuras públicas, ¿Cuántas veces has visto a familiares o amigos pelearse en comentarios de redes sociales con desconocidos?, o que graban a una persona en un momento inoportuno, sin su consentimiento, y se vuelve un meme viral y que sin deberla o temerla le llueven cascadas de odio y críticas. A todos nos puede pasar. Esto me llevó otra vez a buscar ayuda psicológica, porque recibir críticas de ese tipo de manera masiva es terrible y te destruye. Te daré recomendaciones que me han servido mucho para sobrellevarlo, porque aunque tú vivas una vida más tranquila, siempre hay una bruja o una persona que se la pasa molestando.

1. **No puedes recibir una crítica constructiva de alguien que no ha construido nada.**

2. **Las personas ven en ti un espejo de lo que les gustaría hacer o atreverse a lograr**, pero como probablemente no lo han hecho, sacan su frustración bajo el anonimato y cobardía que les puede dar una red social.

3. **No le tienes que caer bien a toda la gente**, ni que fueras un taco para gustarles a todos.

4. Antes de dejar un comentario hiriente en un contenido simplemente porque no es de tu agrado, piensa que del otro lado de la pantalla hay un humano como tú, que siente, respira y también tiene problemas.

5. **No pelees ni le contestes a una persona que no está al mismo nivel que tú**. No me refiero a que seas un ser celestial súper saiyajin fase 3, pero, oye, si estás viendo que la persona que te ofende tiene de foto de perfil una mariposa con cara de calavera, dos delfines de cada lado con una rosa en la boca y llamas de fuego al fondo... en una de esas ni te conoce, ni te sigue, ni es parte de tu audiencia y, la verdad, solo estarías gastando neuronas si le respondes.

6. Y por último: **lo que te choca, te checa**. ¿Por qué un chiste, meme, video tonto, foto o lo que sea por internet le puede molestar tanto a alguien como para que esta persona decida empezar una cruzada medieval de venganza? Hay muchas cosas más importantes que atender en tu vida y, como yo siempre lo he dicho, la gente feliz no tiene tiempo de molestar.

LAS PERSONAS FELICES
NO TIENEN TIEMPO DE MOLESTAR.
(ESTÁN OCUPADAS VIVIENDO SU VIDA)

Hay personas que como te ven te tratan. Una cosa muy noventera de su parte, déjame decirte. Recuerdo que cuando acababa de terminar la universidad era cuando mi familia estaba peor económicamente, entonces había un cumpleaños e invitamos a las brujas (oooh, sí, son varias brujas ja, ja, ja) a una comida en la casa. Nosotros estábamos bien felices celebrando porque ya habíamos logrado construir la casa que antes había estado sin techo, ventanas, puertas, piso, luz, había puros ladrillos, pero después de un par de años entre todos logramos hacerlo. Yo me senté a comer a un lado de una de las brujas (una señora en sus cincuenta) y mientras le daba una mordida de manera casi magistral a mi taco, me dijo: "Es que no puedo creer que vivan aquí, qué feo, de verdad". Lo mencionó de una manera tan despectiva e hizo una cara de desagrado casi asco mientras veía hacia todos lados de la casa, que sentí cómo mi corazón se hacía pasita. Luego continuó y le dijo a la persona que estaba a un lado de mí: "Pero mira qué guapa estás tú, no te había visto. Y iwow!, ya te vi con tus zapatos Gucci". Esa persona, para hacer más notorios sus zapatos, mecía los pies de un lado a otro para que se viera bien el logo.

Yo traía puestos unos tenis verdes que me quedaban un número y medio más grande, pero era lo que había, mi papá los había conseguido por medio de un amigo que le vendió un lote para hacer negocio y que él pudiera revenderlos.

Me acuerdo porque luego de chulear los zapatos Gucci
rosa, la bruja pasó a barrer con la mirada mis tenis, que
claramente me quedaban grandes, que no eran de marca
y que la hicieron suspirar con cierto desdén.
Siempre me hacían sentir como una pequeña chinche
que podía ser aplastada en cualquier momento,
pero ¿sabes?, esos tenis verdes los usé hasta que se
rompieron, me llevaron a la universidad, a mis primeros
trabajos y me trajeron hasta aquí. Yo no necesitaba
unos Gucci rosa porque para mí lo más importante fue la
determinación, el empuje y mi cerebro.

**Invertir en mi cerebro siempre fue
un punto clave en mi desarrollo.**

Muchos años después, cuando mi trabajo empezó a ser reconocido, la bruja me empezó a seguir en redes sociales y me ponía cosas como: "¡Saliste a mí!", "El talento lo heredaste de mí". Ja, ja, ja, ¡un gramo de coherencia, de verdad! Cuando borré a todos esos tóxicos de mi vida, también ella se fue, porque hay gente que en las malas está contigo PERO PARA APACHURRARTE Y PISOTEARTE MÁS, y en las buenas está porque ya no le das penita ajena.

La bruja nunca se tomó el tiempo de conocerme, de saber qué era lo que quería hacer de mi vida, solo por el prejuicio de que yo no vivía en una mansión y no usaba lo último de la moda. Al final yo era la rarita que no encajaba. Ahora, con tiempo de por medio, agradezco que una persona así nunca se haya acercado más, eso me dio la libertad de seguir siendo yo. Por eso te decía: hay situaciones y personas que me muestran claramente qué no quiero en mi vida ni a quién me quiero parecer.

Ahora dirás, ¿cómo recuerdas esto con tantos detalles? Hay dos partes; una es que hace un par de años trabajé con una psicóloga especializada en tratar a niños y adultos que sufrieron de acoso, ella me ayudó a destapar todas esas memorias, porque claramente estaba sumergida en una tristeza que según yo no tenía razón, así que encontramos la raíz y la arrancamos. **Esta profesional de la salud mental me dijo que cuando recuerdas ciertos momentos con tal claridad y detalle es porque dejaron una marca importante en ti, en mi caso era dolor puro.** Y no te lo cuento para que digas: "Ay, pobrecilla de Vania", es para que veas un tipo de ejemplo y te des cuenta de que sí puedes avanzar y sanar.

ESCRIBE UN RECUERDO DE ALGO QUE TE HAYA LASTIMADO,
PERO HAZLO CON LÁPIZ, SÁCALO Y BÓRRALO PORQUE YA NO
IMPORTA, INTENTA SANAR Y AVANZA. TQM.

3. Conviértete en la persona que necesitabas cuando eras pequeña

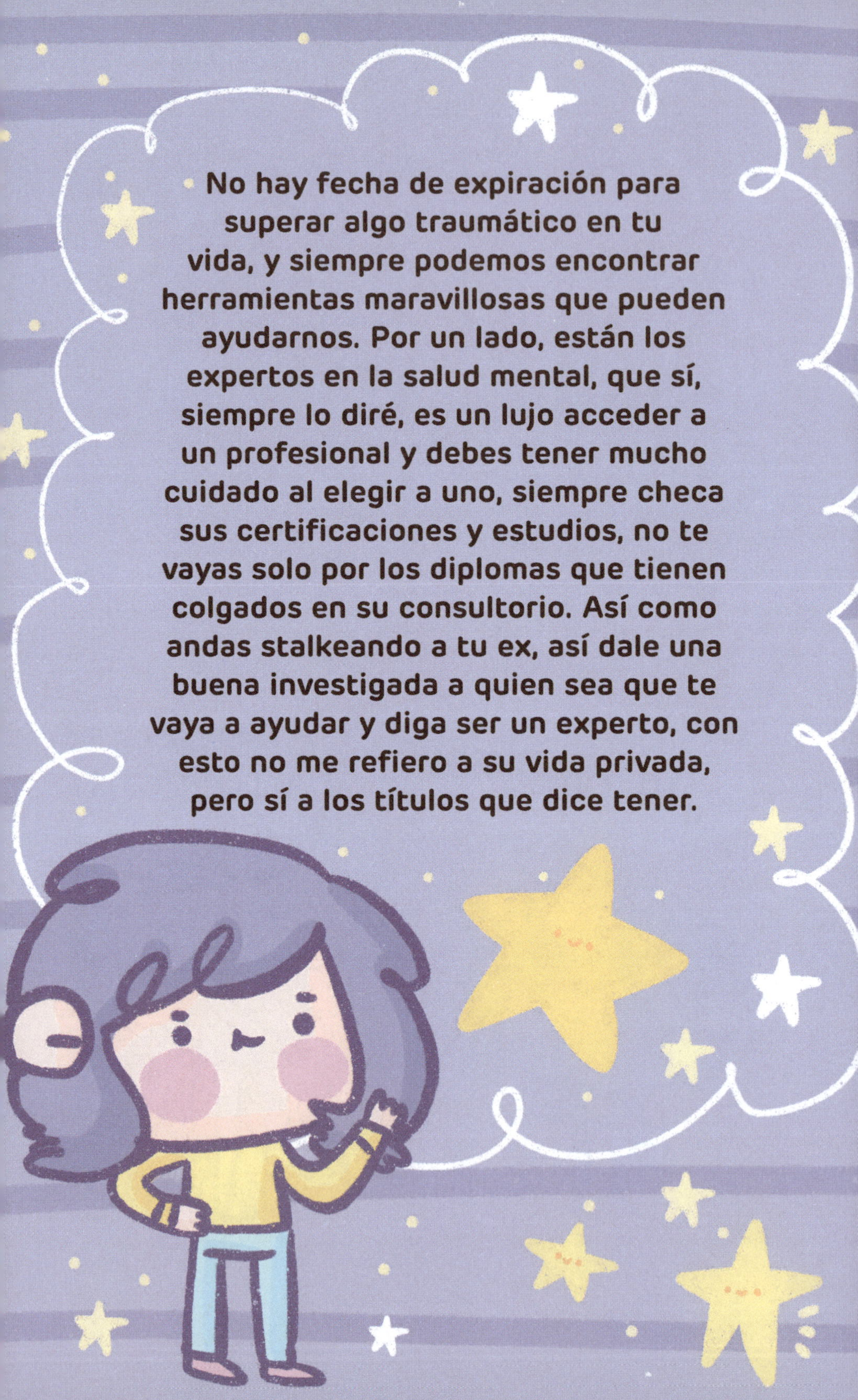

No hay fecha de expiración para superar algo traumático en tu vida, y siempre podemos encontrar herramientas maravillosas que pueden ayudarnos. Por un lado, están los expertos en la salud mental, que sí, siempre lo diré, es un lujo acceder a un profesional y debes tener mucho cuidado al elegir a uno, siempre checa sus certificaciones y estudios, no te vayas solo por los diplomas que tienen colgados en su consultorio. Así como andas stalkeando a tu ex, así dale una buena investigada a quien sea que te vaya a ayudar y diga ser un experto, con esto no me refiero a su vida privada, pero sí a los títulos que dice tener.

También hay cosas chiquitas que puedes hacer por ti mismo, por esa pequeña persona que alguna vez existió y que te trajo aquí a pesar de todo y de todos. Una recomendación que me dio mi psicólogo fue que le hablara a la Vañita chiquita como los adultos que estaban a cargo de ella le debieron hablar, con amor y comprensión, no me puedo andar regañando ni automenospreciando a cada rato. Entonces lo que hago es que justo antes de quedarme dormida pienso en momentos específicos: cuando lloraba por sentirme sola por no encajar, cuando las brujas me hacían sentir mal, y le digo a esa pequeña niña que ahí estoy yo para ella, que está bien que no le guste saludar de beso a cada integrante de su familia tóxica porque de grandes descubrimos que tenemos algo que se llama ansiedad social. Y claro, también imagino que la abrazo cuando la encuentro llorando por alguno de los cientos de malos comentarios que recibió. **Estoy ahí para ella y no permitiré que nadie la lastime. En mi imaginación creo esa versión alterna en la que alguien la defendió y no se quedó callada.**

ENLISTA COSAS
QUE HAS VISTO A
OTRAS PERSONAS
COLECCIONAR.

¡SOY UN ADULTO INDEPENDIEEEEENTE

Hay gente que se exalta porque nos ve a los adultos independientes con gustos bien dementes disfrutar del coleccionismo, jugar videojuegos, consumir cosas por nostalgia, y yo digo: **mientras no le hagas daño a nadie y sea tu dinero el que gastas o, más bien, inviertes en lo que realmente te gusta, pues ¿cuál es el problema?** Vuelvo a lo mismo: nos encontramos nuevamente con una serie de prejuicios tontos de gente nadaqueverienta que ni nos conoce.

TE CASTIGARÉ
EN EL NOMBRE
DE LA
LUNA.

Cuando yo era chiquita amaba la caricatura *Sailor Moon*, peeero… aunque mi mamá me dejaba verla sin problemas en la tele, nunca me compró una muñeca de Sailor Scout gracias a que alguien le dijo que eran satánicas y demoníacas y casi casi que su hija podría terminar poseída. Lo único que pude tener fueron unas tarjetitas que vendían en el tianguis de los domingos y que me compré a escondidas, pero ¿sabes?, ahora de grande **ME COMPRÉ TODAS MIS MUÑECAS**. Y no, no voy a jugar como cuando era pequeña, pero las tengo en mi oficina, a la vista, y me hace feliz, porque yo, que era una inocente niña, jamás vi nada malévolo, sino algo realmente inspirador, era la primera caricatura que veía en la que las protagonistas eran niñas que se salvaban a sí mismas y también al universo entero. En verdad eso dejó un impacto increíble en mi mente, algo empoderador que hasta la fecha no sé cómo describir pero fue tan inspirador. Y eso ha sido sanar.

Y no te preocupes, obviamente alguien te juzgará por tener juguetes y "ya estar grande", pero ¿sabes?, si viviéramos de las opiniones de la gente este mundo realmente sería insoportable.

Tú date, colecciona eso que siempre quisiste, es más, ahora que ya tienes los recursos para hacerlo, hasta se siente más empoderador.

¿QUÉ TE GUSTARÍA COLECCIONAR SI TUVIERAS RECURSOS ILIMITADOS?

Hay desgracias personales y familiares que para otros pueden ser cualquier cosa o solucionarse con un "ay, entonces consigue otro", y eso solo nos indica que nos falta empatía. Quiero contarte un episodio tras el que ahora, siendo adulta, me di cuenta de lo vulnerable que puede ser alguien cuando pierde cosas emocionalmente valiosas, aunque los demás las vean como chiquititas. Ahí va otra de mis anécdotas.

Cuando perdimos nuestra casa, todas nuestras cosas de la mudanza se quedaron en el patio bajo un techo de láminas lleno de agujeros; nosotros vivíamos en un cuartito que era lo único que tenía techo, un baño y puerta. Un día llovió a mares, parecía que el techo se caía, las láminas obviamente no soportaron y todo lo que estaba en esas cajas se arruinó; duramos días tratando de salvar las cosas, nuestra ropa, nuestras fotos y sí, muchos de mis juguetes de infancia se perdieron. Mientras intentaba limpiar el lodo y sacar los escombros de cartón mojado, entró un tío al patio y me dijo: **"Pues ni modo, un día estás arriba, y al otro estás abajo y hoy tú estás abajo"**, se rio y se fue. Grandes palabras para decirle a una adolescente que acaba de ver cómo su mundo se le cayó encima. DIJO NADIE NUNCA.

Es algo que hasta la fecha recuerdo; jamás fui grosera con ese tío político, es más, yo creo que nunca cruzamos palabras más allá de saludarlo. Pero algo había quedado muy en claro: mi tío gozaba de vernos mal; no sé, sus propios traumas habrá tenido. El caso es que pude salvar bien poquitas cosas de la infancia.

Pasaron los años, yo creo que al menos unos seis u ocho, yo ya estaba trabajando como diseñadora gráfica. Un día, después de la hora de la comida, decidí ir al supermercado que quedaba en la esquina de mi trabajo, solo a caminar; pasé por el pasillo de las Barbies porque siempre me ha gustado ver los juguetes y en eso, hasta arriba de los anaqueles, vi una reedición de mi Barbie favorita que había perdido, ¡sí!, era la **Barbie Rocker, una de las más exitosas y que sacaron año tras año... ¡GRITÉ! Estaba igualita, venía en una caja especial.** Como pude la bajé y vi que costaba quinientos pesos, era mucho dinero en ese momento, pero era MI BARBIE. La tomé y de inmediato fui a pagarla, salí megafeliz de la tienda y me dio risa porque para poderla comprar, literalmente tuve "que estar arriba", al menos de los anaqueles, para alcanzarla. Y no sé cómo pero recordé las palabras de aquel tío y dije: "Sí, **sí pude otra vez**, la alcancé **aunque estaba arriba en lo más alto de todas las Barbies**".

Ahorita te puedo decir que ya recuperé todos esos juguetes que la Vañita perdió, fue parte de sanar, me ayudó y está bien porque no soy la única que ha hecho este ejercicio para sanar a la niña que fue. Hace un par de meses fui a comer con un amigo que también es escritor, y en la plática salieron a relucir los juguetes. Él, además es psicólogo, y me estaba diciendo que había visto un video que subí a mis redes sociales en el que mostraba que había restaurado mi casa de muñecas de la infancia y le respondí: "Sí, encontré el piso extra que siempre quise y ahora le puse muebles como si fuera un estudio como el mío, el espacio en el que trabajo, ¡quedó increíble!". Mi amigo me tomó de la mano y me dijo: **"¿Te das cuenta de que ese piso que le añadiste es tu yo de ahora?**, esa casa representa tu vida, la limpiaste, la restauraste y además, le agregaste la parte de lo que estás viviendo hoy".

Se me salió una lagrimita. Qué poderoso puede ser sanar por medio de cosas que a alguien más le pueden parecer muy tontas simplemente porque no te conoce. Gracias a ese comentario en esa comida, logré darme cuenta de lo mucho que avancé y cómo me reconstruí.

¿QUÉ COSAS MATERIALES TE GUSTARÍA RECUPERAR DE TU INFANCIA?

Algunas cosas las consumimos por nostalgia y otras porque son nuevas, nos gustan y ya. Y no es que quiera llenar esto de negatividad pero sí, también de eso van a llegarte comentarios nadaqueverientos. Déjame platicarte que yo amo con locura a un personaje en particular y recuerdo que un día subí un video al respecto, en el cual estaba emocionada porque me había comprado cosas en una tienda durante unas vacaciones. Después de un par de días, mientras checaba mis notificaciones, vi un comentario que decía: **"¿Sabías que ese personaje es satánico?"**. Y yo así de **¡¿QUÉ?!, NOOOOO, NO OTRA VEZ.** Ya una vez viví que por comentarios que venían desde la ignorancia no me habían dejado disfrutar a Sailor Moon. La verdad, ya solo me dio risa y no dejé que algo así arruinara lo feliz que me sentía por haberme comprado unos juguetes y plumas.

Para mí lo que coleccionas siempre está muy ligado a ti, a tu corazón y a lo que has vivido, es una manera más de expresar tu amor a la vida, tus logros y tu felicidad. Mis colecciones favoritas son Sailor Moon, Polly Pocket y Hello Kitty.

¿QUÉ COLECCIONAS?

Además, esto se ha convertido en toda una industria de la que se mantienen familias enteras, llena de expos, convenciones e incluso venta informal en internet donde la gente anda buscando recuperar lo que alguna vez tuvo o simplemente conseguir algo nuevo solo porque le gustó y le hace feliz.

La emoción de encontrar un coleccionable que ya llevabas rato buscando y a buen precio es súper satisfactoria y, créeme, en algunos casos hasta terminas haciendo amistades con los propios vendedores. A mí, ya me pasó ja, ja, ja.

PATRONA DE LOS ADULTOS

INDEPENDIENTES

Si vas a consumir coleccionables hazlo porque realmente te gustan, no solo por moda, porque esa siempre es pasajera y cuando algo se vuelve muy popular los precios de reventa aumentan de una manera abismal. Ahora que si está en tendencia y realmente lo quieres, pues quién soy yo para decirte cómo gastar o no tu dinero y qué hobbies son buenos o malos.

Eso sí, antes de gastarte los ahorros de tu vida en una figura o en unos zapatos siempre detente a pensar si lo harás por mero impulso, por miedo a que se agote aunque en realidad no te guste mucho o porque se lo quieres ganar a alguien más y presumirlo en tus redes sociales, aunque después termines ignorándolo porque ni te encanta.

¿ANTOJITO O
COMIDA?

Y mira que te lo estoy diciendo yo, la patrona de los adultos independientes, ja, ja, ja. No es que sea una autoridad moral pero durante un tiempo caí en un tipo de vicio de querer tenerlo todo, en todos los colores, todos los lanzamientos, aunque después me di cuenta de que en una de esas ni me hacía tan feliz y que tal vez estaba llenando algún vacío existencial que tenía por ahí. No recuerdo en dónde escuché eso de que antes de comprar algo te pongas a pensar si es solo un antojito o es una comida, los antojitos te llenan solo un ratito y no son tan saludables, pero las comidas sí son más complejas, te nutren y las necesitas.

GASTA EN TONTERÍAS, PERO NO A LO TONTO.

Así empecé a seleccionar bien qué era lo que quería, además, ahorita con internet todo el tiempo ves imágenes que el nuevo de esto, que la novedad de aquello. Algo que me ha servido mucho es decir: **"A ver, qué bonito, lo guardaré en favoritos o lo dejaré ahí en una lista de compras"**. Luego, en un par de días, si me acuerdo vuelvo con más calma, y ahí te das cuenta de si es que lo necesitas o solo lo quieres como un capricho. Hace un par de meses estaba en una reunión y le dije a una persona: **"Mira, si quieres gasta en tonterías, peeeero, no gastes a lo tonto"**, y soltamos una carcajada porque sí, no es que de la nada debas convertirte en un monje, pero siempre piensa a futuro y no descuides tu bolsillo.

4. DEPURAR TU ALMA
-O EN LO QUE SEA
QUE CREAS- O NO

Te puedes encontrar con personas que te dicen que el pasado ya no importa, que vivas el presente y sí, de alguna manera estoy de acuerdo con ello, pero también es importante saber que ese pasado te formó y sí pasó. **Considero súper importante que dejes ir las cosas trabajándolas primero, para que una vez que tengas las manos vacías puedas abrazar todo lo nuevo.** Si uno pudiera vivir en completa felicidad en el presente todo el tiempo entonces no existirían tantas terapias que nos ayudan a superar nuestro pasado; una cosa es recordarlo con dolor y volver a sufrir una y otra vez y otra es enfrentarlo y poder recordarlo como algo importante, pero que lo veas desde una perspectiva externa, que ya no duela y así puedas extraer de ciertas situaciones solo lo que te sirve, lo que te enseñó.

No soy ni seré una experta en la salud mental, pero sí te comparto desde mi experiencia que hay herramientas que te pueden ayudar muchísimo a mejorar, y por herramientas me refiero a esas que te pueden ofrecer los expertos certificados. No caigas en aquello de ponerle un cuarzo a tu agua y pensar que con eso ya; si te ayuda como un tipo de placebo está bien, pero por algo existe la ciencia. Y también quiero que sepas que **tener paz y salud mental es todo un proceso, no solo el "échale ganas" que nos han dicho algunas personas y medios de comunicación.** Habrá días buenos y otros no tanto, pero cuando te des cuenta de que esto mejoró, todo habrá valido la pena.

COSAS QUE TE GUSTARÍA SANAR DE TU INFANCIA:
(el primer paso es reconocerlas)

Esto lo aprendí en terapia, tengo una libreta en la que
le escribo ocasionalmente cartas a mi yo del pasado,
y es que a veces cargamos con tanto y es tan pesado
que nos cuesta avanzar por mera física.
Lo empecé tratando cuestiones en particular: que si un
recuerdo de esto, que si de aquello... Te lo recomiendo,
no es que todo sea sufrimiento y llorar de nuevo, no, mi
cielis, le digo a esa Vañita las palabras que necesitó en
momentos específicos, le doy aliento, a veces le platico
sobre cómo nos va ahora, lo que hemos logrado, y sí,
también le digo de las personas que se encontrará en
el camino, que nos lo terminaron haciendo más difícil y
que al final SÍ pudimos superarlo.

Háblate, nadie te conoce mejor que tú, tú lo viviste y estabas ahí todo el tiempo. Es tan liberador poder tocar ciertos temas y darte cuenta de lo que te has convertido. Y si te da cosita que alguien que no quieras pueda encontrar esas cartas, rómpelas, destrúyelas después o haz lo que quieras con ellas.

ESCRÍBELE UNA CARTA A TU YO DE 10 AÑOS...

En esta vida te vas a encontrar con muchas personas que van a querer usarte y querrán aprovecharse de ti de múltiples maneras. Creo que justo por eso cuando "crecemos" se nota de manera casi inmediata que tu círculo social cercano se hace cada vez más y más chiquito. **Esto no se debe a que te estés convirtiendo en un monstruo difícil de tratar, sino que según ciertas experiencias dejas de confiar tan fácilmente.**

He trabajado con personas que son bien difíciles, en verdad hay de todo, pero particularmente me tocó conocer a una persona que era todo lo contrario a mí, y creo que por eso jamás conectamos. En un principio me pidió ayuda para poder mejorar el alcance del proyecto en el que estaba trabajando y cuando lo hice, aún sabiendo que el ambiente entre esta persona y yo no era el ideal, dije, bueno, hagamos esto funcionar, vaya sorpresa que me llevé cuando al terminar de darle los mejores consejos ganadores simplemente se me quedó viendo de manera fija y me dijo: **"No quiero ser una persona vendida, así como estoy me encuentro bien"** mientras me barría con su mirada de arriba para abajo.

Mi cerebro no supo cómo reaccionar, quedé en shock.
¿Me dijo vendida? Ja, ja, ja, ja, **qué carajos estaba yo
haciendo ahí compartiendo mi tiempo, mi cerebro y mi
todo con una persona así,** que habla desde su privilegio,
que a diferencia de mí, no nació en el tercer mundo,
vive en una posición muy privilegiada y nunca se ha
preocupado por no tener dinero para comer y/o vestir.
Ante todo esto, me entró lo dragona y, con una gran
sonrisa, le respondí: "Está bien, quédate como estás, no
hay nada de malo en que eso te haga feliz.

Algunas personas, como yo, buscamos crecer
nuestro negocio por el hambre que tenemos;
sobrevivimos, evolucionamos y permanecemos
ahí, como esos cactus en medio del desierto
que se mantienen con todo en contra".

Sentí cómo me querían pisotear, yo había llegado con una buena actitud de compartir y desde el principio ignoré ciertas banderas rojas que noté, como si hubiera una gran muralla entre esta persona y yo. Desconozco la razón por la que estaba tan a la defensiva, pero pues tampoco estamos para andar aguantando a las personas mal encaradas que te hablan con un aire de superioridad.

Si bien es cierto que no todos queremos avanzar al mismo paso profesionalmente, y es normal, esta situación me hizo sentir totalmente incómoda. No entendía la razón por la que me había pedido ayuda alguien que desde un inicio estaba en otro canal y a la defensiva. Un par de horas después me pidieron disculpas y fue ahí que confirmé que yo no estaba loca y que no había malinterpretado nada.

Después de eso, por más shockeante que resulte, sentí paz porque por fin había puesto un límite necesario. A veces no somos capaces de marcarlos, de decirle que no a alguien que se aprovecha únicamente porque tiene la oportunidad de hacerlo. **No digo que vayas por la vida peleando, pero sí que demuestres que hay una línea de respeto que nadie, absolutamente nadie, debe cruzar. Cuídate, porque estoy segura de que si no lo haces tú mismo, nadie más lo hará.**

¿CUALES SON TUS LÍMITES NO NEGOCIABLES? (ESO QUE NO PUEDES PERMITIR QUE TE DIGAN)

5. EL ÁRBOL GENEALÓGICO TAMBIÉN SE PODA

Siempre que veo a gente compartiendo en sus redes sociales fotos de familias súper grandes, unidas, festejando Navidades con piyamas iguales y todos abrazados siento una añoranza gigante, y es que no todos contamos con esa especie de vínculo familiar, o al menos no de una manera sana.

Tengo tantas anécdotas de una parte de mi familia tóxica que en varias ocasiones hice llorar a mi psicóloga de ese aquel entonces; a través de la terapia destapé muchas cosas que mi mente, por salvaguardarse, había escondido en lo más profundo. Y es que no todos somos víctimas, es más, ni siquiera quiero o busco que sientas feo por mí, que digas: "¡Ay, pobre Vania!, la más traumada del mundo"... porque no, no lo soy. **Pero quiero que hagas un viaje a tu interior y detectes patrones tóxicos por parte de tus familiares u otras personas, que aprendas a poner límites, y que si ya te pasó sepas que hay personas que llegan a nuestras vidas como maestros que nos enseñan cómo no debemos ser, y que ahora a pesar de todo, en lugar de verlos como maldiciones, los veo como personas que me enseñaron lo que no se debe hacer.**

Sí, ya sé, lo volví a repetir, pero ¿recuerdas cuando estabas en la escuela y te dejaban tarea de lo mismo que habías visto ese día en el salón de clases? Pues estamos haciendo casi lo mismo para que se nos quede bien grabado. Y es que a veces damos por hecho que así tiene que ser, **que la incomodidad es igual de válida que el amor por el simple hecho de que viene de tus familiares** y debes resignarte a soportar. Créeme: lo más difícil del mundo es saber identificar las diferencias.

Si tienes una familia toda bonita y amorosa quiero que sepas desde ahora que te sacaste la lotería, que aprecies mucho lo que tienes y que aunque no todos poseemos lo mismo que tú, también se puede construir una familia desde tu elección.

Seamos claros: yo creo que sí puedes elegir sacar o mantener lo que quieres en tu vida. Puedes mantener un lazo más fuerte con las personas que te hacen bien y que en una de esas ni siquiera están ligados genéticamente a ti. Hay familias tan diversas que pueden conformarse entre completos desconocidos, entre amigos que conociste por casualidad o aquel primo lejano que casi no ves pero que cuando se encuentran vuelven a reír como si no hubiera pasado un solo día desde su último encuentro.

En mi caso, yo he recibido amor, consejos y abrazos del alma de personas que han llegado de manera inesperada a mi vida. Y así, encuentras un núcleo de personas con las que te sientes cómodo y feliz. Y sí, también la gente cambia, algunos llegan para quedarse y otros se van, pero está bien y es normal.

En tiempos como el nuestro, el de los millennials, es muy común mencionar a la familia por elección, aquella con quien pasas los cumpleaños, Navidades y fechas especiales y no necesariamente comparten genes.

Como seguramente eres de mi generación, poquito mayor o poquito menor, te acuerdas de la serie *Friends*, pues bien, ese es el ejemplo más global de una familia elegida, aquellos amigos, roomies y compañeros que se convierten en parte de tu álbum familiar.

Con el tiempo y mientras vas madurando empiezas a darte cuenta de qué es lo que quieres y a quién quieres contigo.

PERSONAS QUE QUIERO TANTO QUE CONSIDERO FAMILIA:

Ni que fueras un saco de boxeo de esos que su objetivo es aguantar golpe tras golpe. Tienes derecho a defenderte y de salir de situaciones donde no quieras estar o alejarte de personas que solo te causan malestar, tristeza, enojo y más. No nos pasa a todos, pero sí a muchos, es una decisión sumamente difícil pero también muy sana.

Hace exactamente un año tomé la decisión de cortar todo contacto con una parte de mi familia. Y es que cada vez que tomaba terapia psicológica me daba cuenta de que yo me encontraba contando pequeñas anécdotas de cosas que recordaba de mi adolescencia e infancia, con un detalle y precisión que parecía tener memoria fotográfica, y no, no la tengo, lo que sí poseía era un trauma que grabó de manera casi magistral cada detalle en mi cerebro. Algunas veces llegué a pensar que serían historias hasta cómicas, vaya sorpresa al ver la cara horrorizada de mi psicóloga, ella también podía notar cierta incredulidad y por eso, como te contaba, hasta llegó a llorar conmigo.

Por mero modo de supervivencia tendemos a ocultar o a enterrar recuerdos, y los míos salieron a la luz como cucarachas cuando levantas la tapa de una coladera, tanto que me di cuenta de que hasta la fecha esas cosas que me habían dicho seguían rigiendo varios aspectos de mi vida. Tuve mucho miedo a enfrentarlos, pero lo hice por la Vañita a la que le destruyeron la autoestima por completo. Siempre me ha parecido un tanto extraño cuando las personas se refieren a sí mismas en tercera persona, pero en este caso lo empecé a hacer de ese modo para poder sanar, para poder ver las cosas desde afuera y para defenderla todas las veces que sea necesario, porque gracias a esa niña yo estoy aquí, yo vivo de dibujar y de escribir.

Para podar ese árbol genealógico no es necesario que lo tires de una sola patada, puedes ir cortando de rama en rama, yo empecé así. Incluso me di cuenta de que ahora en mi edad adulta ciertas personas se alejaron solitas por el simple hecho de verme feliz. Y sí, la gente es así, tu mayor venganza contra alguien que te lastimó no es pelear, gritarle de cosas, hacerles una grosería... no, lo más grande que puedes hacer es ser feliz, por ti, no por demostrarles nada, porque al final ya son personas trastornadas que nunca cambiarán. Sé feliz porque cumpliste lo que siempre quisiste o te abriste nuevos caminos sin mirar atrás.

Aquí abriré mi corazón por completo porque quizás en mi historia encuentres algo que te resuene y entiendas que no estás solo. Esa parte familiar tóxica no nos quería a mi mamá, a mis hermanos y a mí porque éramos hijos de la morena, para ellos la diferencia de tonalidad de piel era importante, y es que siempre hablamos de que en México no existe el racismo, pero los comentarios que escuché durante mi infancia cuentan otra historia.

Por cuestiones del destino, las brujas habían nacido güeritas, y cual villanas de película animada de los años cincuenta, querían mantener cierta homogeneidad en el color de la descendencia. Siempre le hacían comentarios a mi mamá como: "Ay, a este hijo tuyo sí me lo quedo porque te salió bien blanquito y bonito", refiriéndose a uno de mis hermanos o "Te invito a comer a mi casa pero solo ven tú, no traigas a la Morena ni a tus hijos". Con esos comentarios, supongo que desentonábamos con la decoración y la paleta de colores requerida.

Tan solo quiero recordarte que según datos de la Conapred (Consejo Nacional para Prevenir la Discriminación) el 64% de los mexicanos se considera de tez morena. El color de la piel es uno de los principales motivos para ser discriminado en México, y esto abarca desde el acceso a la educación y el trabajo, como a los servicios de salud. ¿No te parece estúpido que en pleno 2025 se siga discriminando a quienes pertenecen a más de la mitad de la población?

Hace un par de años me tocó dar una conferencia sobre mi trabajo en Ciudad Universitaria, la máxima casa de estudios de la UNAM, que es la universidad pública más importante de México y una de las mejores del mundo. Cuando mi mamá "La Morenita" estaba en su juventud, estudiaba en la Facultad de Medicina y tuvo que dejar de manera abrupta sus estudios para cuidar a mi hermano recién nacido, jamás pudo volver y siempre sentimos que eso la marcó muchísimo. El día de la conferencia invité a mi mamá y a mis hermanos, casi al terminar en dos pantallas gigantes que tenía a mi espalda proyecté un recibo de cuando mi mamá estaba en la universidad, ella lo había guardado con mucha añoranza de aquellos años y le saqué una foto yo cuando lo vi, no sabía qué pero seguro en un futuro podría hacer algo bonito con eso.

Me puse de pie ante un auditorio lleno y les dije: "Este recibo era de mi mamá, la misma que tuvo que dejar todo por ir a cuidar a su familia. Sé que muchas personas dicen que no es sano que los padres intenten vivir a través de lo que hacen sus hijos, pero en este momento, mamita, quiero que tú sí lo hagas, porque es importante que sepas que gracias a ti la hija de la Morenita ahora está dando una conferencia en tu casa de estudios. Sí lo logramos". Tengo el recuerdo un tanto borroso por lo emotivo que fue y por solo fijarme en mi mamita, pero recuerdo un silencio seguido de aplausos y de gente llorando, no por mí, por ella, por la Morenita que tanto quiso apachurrar esa familia tóxica. Y sí, ahora de grande ya puedo defender a los que quiero, puse un alto y de un solo golpe borré de mi vida a todas esas personas que nos hicieron tanto daño. Seré muy franca: cuando empecé a escribir este libro tenía unas historias de terror con ellos que les quería contar, pero creo que en mi proceso de sanación fueron perdiendo tanta relevancia que le di control+z y no miré atrás. Por cierto, quiero tanto a mi mamita que se ha convertido en un personaje de mi universo y sí, hasta forma parte de mi serie animada ja, ja, ja.

FAMILIARES Y "AMIGOS" QUE NO MERECEN ESTAR EN MI VIDA:

Cosas que aprendí de mi familia que ya no es mi familia o algo así:

1. El color de piel no debería importar. Es una estupidez pensar que tu color de piel te hace diferente. A esas personas tóxicas que pasaron por mi vida les agradezco infinitamente por enseñarme cómo no ser como persona. Soy y seré todo lo contrario a ustedes.

2. Hay personas que lamentablemente repiten patrones de los traumas que vivieron, cosa que los lleva a dañar a futuras generaciones. En mi caso es diferente, ante comentarios feos y malestar yo logré ver casi todo eso que está mal, lo transformé en algo positivo, como si fuera un catalizador que me ayudara a esforzarme más, a cambiar, a no aceptar que las cosas son como son y a hacer pequeños cambios en mi vida para no seguir con esas "maldiciones ancestrales".

3. Si alguien te cae mal, no apliques la de "le daré en donde más le duele, en su familia, en sus pequeños hijos". ¿Qué clase de psicopatía tiene que vivir en tu cerebro para pensar así? Si no me gustan las actitudes de una persona, para mí hay dos opciones nada más: lo enfrento y se lo digo, o lo ignoro y ya.

4. La marca de un coche, los lujos, la bolsa de diseñador... nada de eso te hace una mejor o peor persona, serlo depende de ti y de tu alma. Carecer de ciertas cosas o que simplemente no te interesen no importa. Hay gente tan vacía que solo puede llenar sus corazones con billetes.

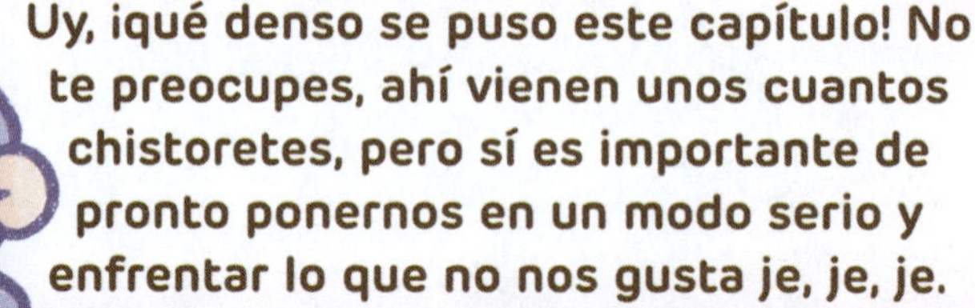

6. DEJA DE SER LA VÍCTIMA Y CONVIÉRTETE EN LA DRAGONA QUE LLEVAS DENTRO

Hemos visto en medios de comunicación muchos casos de charlatanes que se hacen pasar por psicólogos o psiquiatras y solo estafan a la gente, gurús que salen de la nada y fingen ayudar a las personas, y cuando menos te lo esperas, te enteras de historias de terror.
Una manera sencilla en la que yo entendí la diferencia entre uno y otro es que si tú fueras una computadora el psicólogo se encargaría del software (los programas) y el psiquiatra del hardware (los componentes físicos que forman tu compu). Recordemos que estamos hablando de expertos en la salud, que esto tendría que ser igual de importante que ir con un cirujano para que te opere un órgano que no funciona, o con un ortopedista, como fue mi caso siendo chiquita, para que corrija la forma de los huesos y puedas caminar. Quien se hace cargo de tu cerebro, de sus necesidades químicas y de la orientación en la gestión de tus emociones tendría que ser un especialista porque tu salud mental es lo más preciado que puedes poseer, y créeme, en este momento valoro mucho haberme dado cuenta de eso y que he podido acercarme a profesionales (como te había mencionado, desde el privilegio, pero también desde la necesidad de estar mejor).

Y como ir con un experto en salud mental debería ser una búsqueda igual de minuciosa que dar con el mejor ginecólogo o gastroenterólogo, te dejo los requerimientos básicos que debe tener un psiquiatra para poder dar consulta (en México):

✦ Que sea un especialista en psiquiatría, o sea, que tenga título y cédula profesional en Medicina y por lo tanto pueda extenderte una receta. En México debe de estar certificado ante el Consejo Mexicano de Psiquiatría y lo puedes buscar en su sitio web oficial
https://consejomexicanopsiquiatria.org.mx

✦ Que tenga experiencia en distintos trastornos, porque a base de estudios, análisis y varias consultas te dará un diagnóstico y trabajará en ello.

✦ Que su experiencia lo avale, ya sea por recomendaciones o calificaciones de otros pacientes.

✦ Y si ya encontraste uno que cumple con los requerimientos básicos, trata de sentirte cómodo y recuerda que quizás no tendrá el diagnóstico de inmediato, pero sé claro en cómo te sientes para que él o ella pueda hacer su trabajo objetivamente.

Y con la psicología sucede algo similar, porque no todo mundo puede dar terapia. Así que estos son los requerimientos que debe de tener un psicólogo para poder atender pacientes (en México):

✦ Tener el título en Psicología, cédula y un posgrado (o más) que refuerce su conocimiento en el área clínica. Recuerda que un psicólogo NO puede recetarte medicamentos porque no es un médico.

✦ Si lo que buscas es un psicoterapeuta, este debe tener una especialidad o maestría en psicoterapia clínica, al menos así funciona en México.

✦ La capacidad para atender desde distintos enfoques pero siempre basándose en evidencia científica.

✦ La apertura para tratar con pacientes sin importar raza, género o condición socioeconómica.

✦ Y te recomiendo, al igual que con el psiquiatra, que investigues más a fondo a tu posible psicólogo, como si tiene buenas referencias de otros pacientes.

Recuerda que nuestras emociones no son cosa de juego, aquello que piensas que es una simple tristeza dominical puede que sea eso o algo mucho más complejo. No minimices tus emociones, no pases por alto aquellos días en los que no quieres levantarte de la cama, si tienes un humor muy cambiante o de repente te sientes súper eufórico. Está bien reconocer que algo no funciona al 100, nadie se va a burlar de ti ni te va a hacer menos por pedir ayuda. **Primero eres tú.**

Como ya te había mencionado, las cosas que valen la pena suelen llevarse su tiempo, y con la salud mental sucede lo mismo, es como si de un día para el otro quieres correr un maratón y por salir a trotar tres días ya quieres ver resultados. No, mi cielis, estar bien psicológica y emocionalmente no funciona así. Es de suma importancia encontrar a un experto con el que haya sincronía, y ojo, eso no quiere decir que a todo te diga que sí, tú estás muy bien y te dé la razón, sino que necesitas a alguien que te inspire confianza para trabajar y compartir tus emociones.

Hay mucha gente que "se da de alta por sí sola", y ¡eso tampoco lo puedes hacer!, **porque dejarías a medias todo ese avance y desertar sería un retroceso, pero sí puedes llegar a un límite en el que sientes que ya no estás avanzando**, en ese momento puedes buscar ayuda con otro experto, pedir recomendaciones o bien comentarlo con quien llevas el tratamiento. Como sucede con los médicos del cuerpo, los doctores de la mente también deben saber cómo te sientes y para eso hay que ser súper honestos.

Tener apoyo psicológico o psiquiátrico es un camino largo pero que vale la pena andar. También es muy normal que el propio experto se dé cuenta de que necesitas ayuda de otro especialista en ciertos temas y él mismo te ponga en contacto con alguien más, entonces no significa que estés mal, sino que tu caso puede tener un avance diferente.

Y sí, esto es como los zapatos, algunos no te van a quedar muy bien, otros se empiezan a desgastar y debes cambiarlos pero recuerda que para hacerlo debes ir a la zapatería, no es como que tú solita te inventes unos zapatos hechos de papel.

Creo que casi todas las experiencias que vivimos nos pueden indicar el camino correcto a seguir, por mucho que duela dejar atrás lo que ya no te sirve. Es algo muy personal el lograr decidir tomar solo lo que necesitas de ciertas circunstancias, al inicio de este libro, bueno más bien cuando empecé a escribirlo parecía cruzada contra las brujas, era una cosa bárbara, pero como todo en esta vida fui pasando por situaciones un tanto complicadas que sentí que me enderezaron el camino, no estás para saberlo pero yo sí para contártelo, pero tuve que darme una pausa en el trabajo de varias semanas porque no hace más de un mes me tuve que someter a una cirugía, y es en cuestiones así que me di cuenta que vale más estar sana y respirar paz, no sé cómo ni por qué pero me ayudó a regresar a mi esencia y a soltar un poquito más ese trauma y dolor que traía arrastrando desde mi infancia.

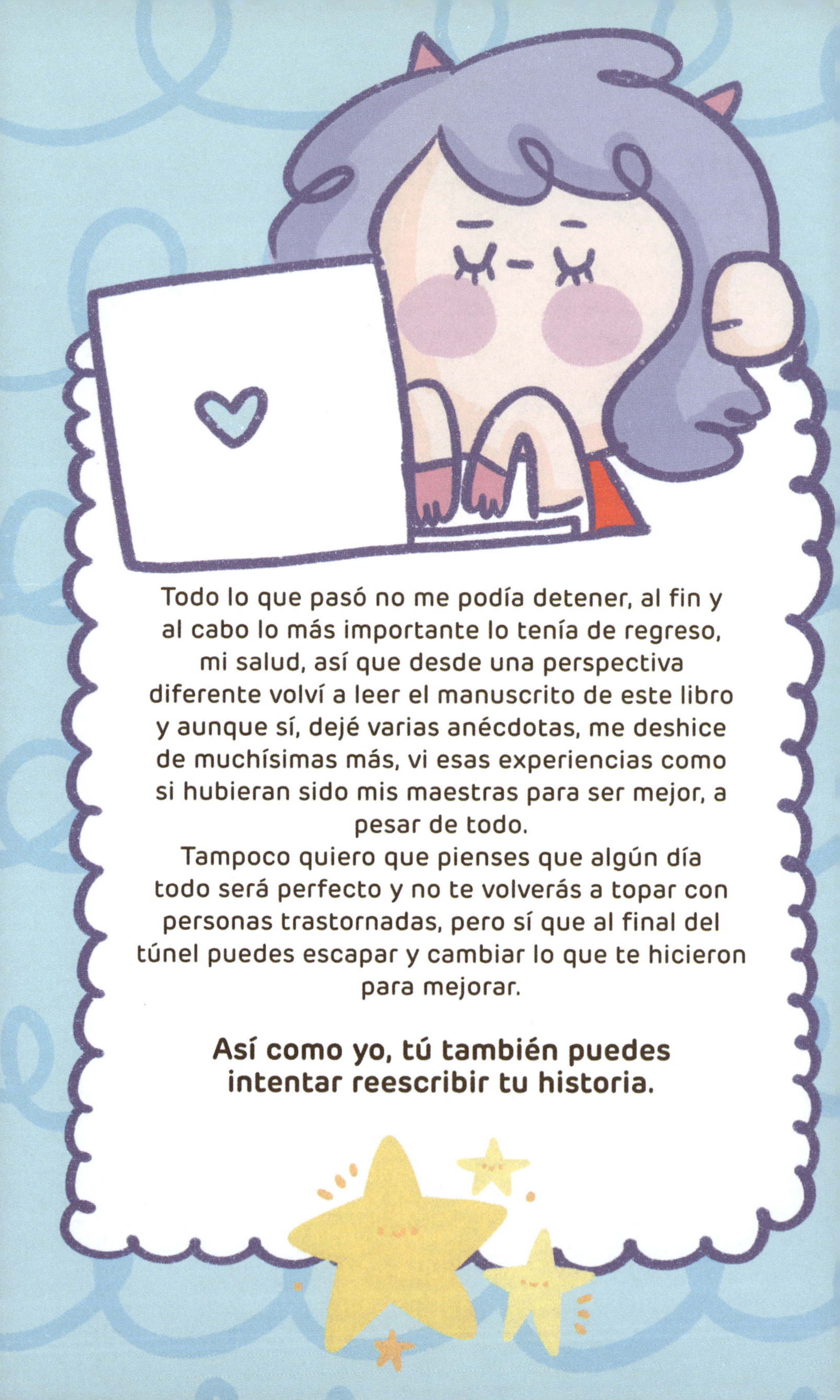
Todo lo que pasó no me podía detener, al fin y al cabo lo más importante lo tenía de regreso, mi salud, así que desde una perspectiva diferente volví a leer el manuscrito de este libro y aunque sí, dejé varias anécdotas, me deshice de muchísimas más, vi esas experiencias como si hubieran sido mis maestras para ser mejor, a pesar de todo.
Tampoco quiero que pienses que algún día todo será perfecto y no te volverás a topar con personas trastornadas, pero sí que al final del túnel puedes escapar y cambiar lo que te hicieron para mejorar.

Así como yo, tú también puedes intentar reescribir tu historia.

7. TODOS SOMOS EL VILLANO EN LA HISTORIA DE ALGUIEN MÁS

Estoy segura de que nos hemos escuchado muchas veces decir: **"Ya me equivoqué"** por un montón de cosas, desde las básicas hasta unas un poco más serias, pero tranqui, hay cosas que se arreglan y otras pueden quedar como anécdota. Es como si fueras el capitán de tu propio barco, es muy normal que de vez en cuando pierdas el rumbo, pero es de humanos rectificar y volver al camino indicado. Primero debes aprender a darte cuenta cuando estás haciendo algo que está mal. Y sí, todos nos equivocamos, unos más seguido que otros, algunos lo hacen de manera intencional y hasta con cierta malicia, y aunque suene súper trillado, lo que pasa es que al final solo somos humanos, no somos seres iluminados etéreos alcalinos gluten free y esas cosas, por lo que también es sano entender que hasta de esos propios errores podemos aprender una vez más. **Sé que sueno como disco rayado pero, mi cielis, si no te lo repito una y otra vez no se te va a grabar.**

Vale más el intentar hacer las cosas incluso cuando te la pases equivocándote que esperar que por una cuestión mágica divina y casi celestial todo te salga perfecto a la primera. Pienso en mi trabajo porque es lo que más conozco. Al principio me decía todo el tiempo: "Ya me equivoqué, ay, Vania, ¿otra vez?", y sí, no era que los trazos me salieran bien desde el inicio pero yo sabía que no era nada que no pudiera borrarse o intentarlo de nuevo hasta quedar satisfecha. Con el paso del tiempo, los borrones y los intentos, esa frase fue dejando de salir de mi boca y sí la digo, pero cada vez menos. **En la vida real pasa lo mismo, nos equivocamos una y mil veces pero aprendemos de esos errores y fallamos menos porque entendimos cómo hacerlo mejor.**

Sí, es de humanos equivocarse, pero es de personas inteligentes el intentar enmendar los errores. Así que debes empezar a trabajar en aquello llamado autocrítica, entender que no eres ni serás una persona perfecta y que aunque te va a doler tienes que crecer y aceptar cuando te has equivocado.

El primer paso siempre será darte cuenta y aceptarlo, el segundo ver qué opciones tienes para repararlo y por último, si te es posible, pide disculpas. Para hacerlo debes saber que hay dos conceptos que hay que conocer muy bien antes: **el primero es la percepción y el segundo la perspectiva.** La percepción es tu interpretación del mundo que te rodea, tal cual lo ves y lo percibes porque es único para ti. Y la perspectiva es lograr ver el mundo desde otro punto de vista, uno externo, ponerte en el lugar del otro.

Algunas personas jamás aceptan sus errores porque se quedan atrapados en su percepción, por eso no logran cambiar de opinión, pero si ves una situación desde afuera y te pones en el lugar del otro, es algo poderosísimo porque te dará la información necesaria para avanzar y componer lo que sea que has roto.

COSAS QUE DEBERÍA CAMBIAR PERO ME AFERRO DESDE MI EGO:

¿Cuántas veces nos hemos aferrado durísimo a algo que nomás no es para nosotros? Uuuf, y hay muchas cosas en juego, como el ego, las ganas, el "yo puedo porque quiero" y un largo etcétera, pero a veces lo único que hacemos es empoderar un capricho porque no vemos la realidad en todas sus dimensiones. Si te encaprichas con una situación y/o persona porque no es como tú quieres, o bien como lo habías idealizado... solo te llevará a la frustración. No todo puede ser como quieres que sea, si fuera así el mundo sería un caos. Y aunque suene algo mágico, no lo es, simplemente hay cosas que no van a pasar porque no y ya. Cuesta trabajo aceptarlo pero es parte de habitar este universo.

Te contaré una historia porque, como sabes, tengo muchísimas para repartir y alguna podría ayudarte. Cuando era adolescente estaba enamorada de un amigo, me sentía deprimida porque a veces me daba "señales" de que sentía lo mismo que yo y otras tantas no pasaba nada; me frustraba que no entendiera lo mucho que me gustaba, pero con el tiempo me di cuenta de que lo que yo quería era la versión idealizada que había creado en mi imaginación, que todo eso bonito que soñaba no existiría jamás. Duré años con el corazón roto porque no lograba comprender cómo si todo estaba tan encaminado a funcionar en realidad nunca se había logrado nada en concreto.

Debo hacer una minipausa aquí, mi cielis, para decirte que si alguien quiere estar contigo, lo hará y no habrá excusas, océanos, continentes… o cualquier cosa que se le ponga de frente. Quien quiere estar, está y ya.

Continuemos con mi drama. Pasaron los años y descubrí la razón por la que no me quería como yo a él, y es que no había algo malo en mí ni en él, simplemente no debíamos estar juntos y ya. A muchos años de distancia, atesoro esa experiencia porque por un lado fue de lo que aprendí lo que no quería en una relación, pero por otro, por casi casi cosa del destino, **yo debía experimentar más cosas, conocer a diferentes personas, avanzar, trabajar, viajar, alimentar mi alma.** Y sí, en el momento en el que estaba emocionalmente madura para tener ahora sí una relación bonita, esta llegó y logré, por una serie de coincidencias, que me dieran material para un libro completo ja, ja, ja, conocí al amor de mi vida, en el lugar y en el momento indicado en el que lo necesitaba, y para fortuna de ambos, todo lo que sentimos fue y es correspondido.

En el instante en el que dejes de ver solo a la persona que tienes de frente y te permitas mirar más allá, dirás: "¡Ahhhhhh, por eso ese no era mi lugar!", y hasta vas a sentir felicidad. **Peeeeero, sí debes aprender a soltar.**

Muchos de nosotros crecimos con ideas de otras personas, de la televisión, de los programas y películas donde alguien decía que todo en la vida debía ser recíproco, como la amistad o el amor. Y déjame decirte que si así fuese, el mundo sería otro. Si quieres ayudar a alguien, hazlo de corazón y sin esperar nada a cambio, así no te vas a decepcionar, y además creo que te da buenos puntos karmáticos o algo así. Te hará sentir más ligereza que si andas cargando esos pensamientos de que Fulanita te debe algo, Menganito tiene una deuda eterna contigo... qué estresante ha de ser vivir pensando que todos tienen una deuda contigo.

En un presente lleno de cámaras, parece que andamos por todas partes "haciendo el bien" porque queremos salir en las noticias por eso, y créeme, es más probable que salgamos por hacer el ridículo que por ayudar a otros.

A veces tan solo basta un gracias y ya. Uno de los recuerdos más lindos que tengo de mi corta pero efectiva vida como escritora fue en un evento de un lanzamiento por mi colaboración con Hello Kitty. Por medio de redes sociales varias personas lograron tener acceso y después de presentar los diseños, recuerdo que una señora y su hija se acercaron a mí; la mamá me dijo que gracias a mis libros había aprendido a dejar de ser la mayor crítica de su propia hija, antes se la pasaba diciéndole que no le gustaba su ropa, su forma de ser. Esas anécdotas que les he contado a lo largo de mis libros le habían dado una perspectiva diferente y ahora amaba pasar tiempo con su hijita y hasta se había dado cuenta de que tenían muchísimas cosas en común, más de lo que esperaba.

Escucharla llenó mi corazón por completo, gracias a poder abrirme con esas anécdotas había ayudado a esa mamá y a su pequeñita a conectar, y para mí fue un triunfo. Obviamente también fue sorpresivo que a través de haber contado un trauma había logrado un cambio positivo en alguien más y para mí eso lo vale todo.

En ocasiones hacemos cosas que creemos pequeñas pero no dimensionamos cuánto valen para alguien más. Por eso no me canso de decirle a quien puedo que su vida es importante, que cada cosa que cuenta también lo es porque, así como en el efecto mariposa, cosas tan chiquitas de este lado del mundo podrían sacarle una sonrisa a alguien del otro.

Y así como hay historias hermosas que me llenan el corazón, ya sea porque alguien me las dijo en persona o las leí en algunos de los comentarios, no todo es miel sobre hojuelas cuando te dedicas a contar historias en dibujos o palabras. Vaya, ni siquiera todo es bueno cuando te dedicas a vivir y ya. He de suponer que para varias personas soy la peor pesadilla que les ha pasado en sus vidas, pero volvemos a lo mismo: siempre todo es cuestión de percepción y perspectiva.

Algo que hagas con completa inocencia puede ser malinterpretado, escalar y hacerte ver como la peor persona del planeta, por ello, debes tener los pies bien puestos en la tierra, saber quién eres y qué es lo que quieres hacer con tu vida. Y es que es bien fácil ser un gran crítico de vidas ajenas y soltar veneno a diestra y siniestra, simplemente porque es más complicado y requiere de más trabajo y esfuerzo el investigar de qué trata realmente tal o cual situación.

Dudo mucho que existan en el planeta personas que no hayan sido embarradas en un chisme solo por la interpretación errónea de alguien más o simplemente que por pura malicia los hayan inmiscuido en algo que ni siquiera les compete. Recuerda que siempre te puedes topar con personas mal intencionadas que de la nada van a inventar cosas de ti, pero al final los hechos siempre hablarán por la verdad y esta saldrá a relucir. Hace unos meses vi que mi celular se llenaba de notificaciones de comentarios que un mismo usuario hacía en un video mío, dije: "Ay, qué raro". Generalmente no los puedo ver porque son muchísimos pero se me hizo inusual que la misma persona escribía y noté un patrón; cuando leí lo que ponía era que me había visto haciendo compras en el súper e ¡iba vestida de negro!, que seguro había mentido este tiempo y no era un arcoíris andante y pues al verme en la vida real mientras compraba limones había descubierto mi identidad secreta ja, ja, ja. Su obsesión era tan extraña que fue a comentar exactamente lo mismo a varias personas en ese y otros post, no sé qué sentía o qué placer le causaba, solo se me hizo muy raro que alguien quisiera crear una intriga en donde no la hay; seguramente ese día estaba vestida de negro porque no me sentía físicamente bien, que sí es algo que me pasa, mi cielis, si yo me enfermo, me van a ver vestida de negro y ya, eso era todo.

vs.

Si algo te puedo recomendar es que tanto en el entorno digital como en la vida real, cuando te topes con una persona así que solo quiere crear conflicto en donde no lo hay, simplemente bloquéala de tu vida, de tus redes, en la vida real no le hables y no alimentes al troll.

Siempre somos dos o más personas: la real y la versión o las múltiples versiones que crecen en la imaginación de los demás. No importa cuánto nos esforcemos por ser nosotros mismos, quien quiera crear su propia imagen de ti lo va a hacer y no vale la pena que te desgastes con eso. Decir no también te puede convertir en un supervillano, no dejarte, poner límites, irte de un lugar al que no perteneces, dejar un trabajo que ya no es para ti, en fin, **hay tantas situaciones que pueden ser malinterpretadas según el lente con el que se miran.**

Pero ¿sabes?, tienes todo el
derecho natural de defenderte
y de no quedarte en donde
sientes incomodidad.

Te dejo esta lista de tipos de villanos en los que te pueden clasificar:

INTERESADUS LUTHOR

Persona que aspira más allá de sus posibilidades y que puede ser percibida como si estuviera enferma de poder. Pero, oye, está bien y es normal querer mejorar en cualquier ámbito.

MOJO ABANDONAROJOJOS

Persona que se aleja en silencio y te saca de su vida, como si fueras un extraño por completo, pero comprende que nadie te debe nada.

PODADORUS FAMILIUS

Persona que prefiere romper lazos tóxicos familiares, y es que no hay razón alguna por la que debas soportar a quienes son terribles contigo solo porque comparten parte del ADN.

FANTASMAS MALÉVULUS

Ghostear no está bonito, pero es verdad que a veces te da más pena dar las razones por las que ya no quieres ver o hablar con alguien que simplemente fingir demencia y desaparecer.

8. PA QUÉ
SOY BUENA

Es un graaan tema para discutir. **¿Cuántas veces te has encontrado con una persona que hace algo completamente contrario a lo que estudió?** Y es que siento que muchas veces nuestros padres y familia se meten de más en nuestra cabeza para alinear, según ellos, nuestras metas a lo que más nos conviene o lo que debería ser y no quiere decir que esto necesariamente deba de venir desde un lugar malvado y oscuro, pero sí de preocupación.

Yo pude haber sido un ejemplo de esto. Mi papá quería que estudiara derecho porque según él casi casi tendría mi futuro asegurado. Imagínate, mi cielis, que le hubiera hecho caso a mi papá; sé que en realidad él lo pensaba con todo el buen corazón del mundo y quería que todo fuera más sencillo para mí, pero yo estaba muy segura de lo que quería hacer con mi vida, que me iba a costar cuarenta y cinco veces más y que todo sería complicadísimo pero sí, yo iba a vivir de mis monos.

Ahora a la distancia mi papá cambió de perspectiva y se dio cuenta de que ese hubiera sido un camino tortuoso para mí, y es que ¿me imaginan de abogada llegando a los juzgados vestida de negro con el corazón hundido? Y no es que esté mal, pero esa persona no sería yo. Escoger carrera es súper complicado. Por un lado, muchos aún nos encontramos en la adolescencia en la que no sabemos ni qué vamos a desayunar cada día y por otro sí o sí debes de elegir a qué te dedicarás. Recuerdo mucho el caso de una amiga que antes de inscribirse a la universidad aventó una moneda al aire para ver qué carrera elegiría, y es que en su desesperación, solo buscaba una salida; yo no entendía cómo podía tomar algo tan a la ligera, pero es que su sueño siempre había sido la danza de una manera profesional mientras su familia le exigía que le entregara un título universitario de una carrera "seria". Al final sí terminó la carrera y les dijo: **"Muy bien, aquí tienen el papel, ahora ha llegado el momento de mi libertad"**, y sí, se fue a bailar y ahora tiene una academia de danza.

Con el paso del tiempo, nos hemos ido acostumbrando a tener muuuy en cuenta las opiniones de los demás, a veces es para bien y alguien te advierte detalles con el fin de que no te lastimes o evitarte una tragedia, pero otras, esos comentarios dan justo en el punto débil de la autoestima, y una vez ahí es muy difícil recuperar la seguridad. **El sentir vergüenza te hace más daño de lo que crees, y es que cuántas veces no has avanzado por simplemente sentir pena.** Que ojo, aquí debes diferenciarla muy bien del miedo, ya que ese a veces puede venir desde un instinto de mera supervivencia pero la pena proviene de la crítica ajena, del qué dirán.

Ay, ni que fueras una persona que viviera de manera eterna como para tener todo el tiempo del mundo hasta sentirte lista para hacer las cosas. Si tú no actúas, nadie lo hará por ti.

Hace un par de días recibí las muestras de mi primera línea de mochilas escolares diseñadas por mí. Estaba súper emocionada, así al punto de las lágrimas, bueno, bueno, sí lloré poquito pero fue de felicidad de ver al fin materializado algo que salió de mi corazón y de mi cerebro. Y sí, tuve otro recuerdo: cuando estaba en la secundaria estaban de moda las mochilas más juveniles, era casi casi pecado llevar algo a la escuela con algún dibujo animado, peeeero Vania siendo Vania había elegido para el año escolar una mochila azul clarito que tenía un conejo blanco, estaba bien bonita y tenía muchos compartimentos para poder meter mis útiles escolares de manera ordenada, era el sueño de la niña de los plumones, pero... no estaba a la moda, te recuerdo que tenía un conejito.

Al llegar a la escuela me hicieron burla porque traía la mochila de una niña, A MIS DOCE AÑOS, pfff, el drama, mis propias amigas me decían que era muy infantil, qué ridícula y cosas así. **Defendí mi mochila, me gustaba y nadie me haría pensar lo contrario. Cuando se dieron cuenta de que no importara lo que dijeran, no me harían sentir nada malo, simplemente dejaron de molestarme.**

Claramente ya no tengo doce años pero estoy usando mis mochilas con mis propios personajes animados para ir a juntas, a corporativos y con ejecutivos. Y sí, tengo la ventaja de que mi carrera obviamente me lo permite, pero eso es gracias a esa pequeña Vania que siempre defendió lo que realmente le gustaba y la hacía feliz.

COSAS QUE DEJASTE DE USAR PORQUE TE DABA PENA LO QUE OPINARA ALGUIEN MÁS:

Si bien, al día de hoy nadie está inventando la rueda y prácticamente todo está dicho y hecho, es bien bonito emprender con creatividad propia, plasmando tu estilo y que eso sea lo que hable por ti. Pero la realidad es que competimos todo el tiempo y no todos saben hacerlo de manera sana y honesta. Cuántas veces has visto que alguien pone cierto negocio, le va súper bien y al poco tiempo abren uno casi igualito a un lado. En lugar de triunfar por su cuenta, los dos solo saturan a las personas y estas perderán el interés por la novedad.

Hace un par de meses estaba en una feria de libros y escuché la conferencia en la que el expositor dijo algo que resonó en toda mi alma: **"Haz todo eso que tengas que hacer para no parecerte al trabajo de tus ídolos, hazlo alrededor tuyo, eso lo hará original, tu casa, tú mismo, lo que conoces; la originalidad está dentro de ese microuniverso"**. Al día de hoy me parecen palabras muy poderosas porque sí, ¿cuántas veces hemos subestimado nuestra creatividad pensando que no vale la pena mostrarla?

Y resulta que quien se arriesga a hacerlo ya ganó, o al menos perdió la pena y supo cómo lanzarse. Creo que a lo largo de mi carrera he oído mil y un comentarios, sobre todo al principio, acerca de mi estilo kawaii, que si era aniñado, que si esto, que si lo otro, y déjame decirte que nada me detuvo aunque hubo días buenos y otros malos, pero hoy he conseguido una recompensa que parecía inalcanzable: mi estilo taaan mío es reconocible, habla de mí y de ese microuniverso que habitaba en mi cabeza y hoy existe en distintos productos, en colaboraciones con muchas marcas.

Con esto no quiero decir que todos serán ilustradores o deban seguir paso a paso mis recomendaciones, pero sí puedes adaptar este consejo a lo que sea que es lo que haces, que si eres chef, que si estás estudiando medicina, que vas a ser astronauta... lo que sea. Confía en tu intuición, quizás los resultados no sean maravillosos al inicio, pero serán algo que surgió de ti y poco a poco o de repente las cosas se acomodarán porque nadie te conoce mejor que tú mismo.

Busca dentro de ti qué es lo que realmente quieres y te gusta hacer, si bien puedes seguir tendencias porque no es como que puedas inventarte todo desde cero, busca impregnar tu esencia. Estoy segura de que mientras más auténtico seas, dejarás una huella más profunda. Sacúdete el miedo y anda.

COSAS EN LAS QUE CREO QUE SOY BUENO/BUENA:

9. MONETIZA TU HOBBY

El mundo gira tan rápido y parece no detenerse, que a veces sentimos que estamos atrapados en lo mismo y no nos damos la oportunidad de ver más allá de lo que conocemos. Descubrir nuevas cosas que te gusta hacer es muy sano; puede que tengas un trabajo de oficina que ocupa casi todo tu día, pero te recomiendo ampliamente que expandas tus horizontes, no porque estés buscando algo nuevo, pero sí ayudará a tu cerebro a mantenerse sano y activo.

¿MI DÉFICIT DE ATENCIÓN NO ES UN PODER?

Y es que a veces no nos damos cuenta de en cuántas cosas podemos brillar hasta que nos atrevemos a intentarlo, total si no te gusta o no funciona puedes pausarlo. A modo personal siempre estoy buscando cosas nuevas por aprender, y al parecer esto se debe más a mi trastorno de déficit de atención diagnosticado que a una simple curiosidad. Uuuf, si te contara: he pasado por varios idiomas, sé bordar, pintar en un buen de técnicas, hacer miniaturas, coser muñecos de fieltro y últimamente me ha estado llamando la atención el patronaje y diseño de prendas de vestir.

RELAJA ESE CEREBRO...
LISTA DE COSAS QUE ME GUSTARÍA APRENDER:

Si algo aprendimos con la pandemia es que un día tú puedes andar muy feliz con tu trabajo y tu salario seguro con todas las comodidades del mundo y al otro alguien estornuda medio raro y ¡PUM!, se pausa el mundo entero, por eso siempre es bueno tener varios ingresos pasivos al mismo tiempo, es decir, tienes tu trabajo formal con el que pagas tu vida y si logras tener al menos otra entrada de dinero que te ayude en caso de una eventualidad, es lo mejor.

Ahí va otra anécdota: hace ya muchos años yo tenía un trabajo increíble en una start up, esas empresas emergentes que son financiadas por fondos de inversión y que en su mayoría vienen del ámbito tecnológico. Me iba muy bien, tenía tiempo para andar dibujando en mis ratos libres, era directora de arte, ¡uy!, me sentía súper feliz... hasta el día en el que la empresa quebró; no nos dijeron nada, nos mantuvieron al borde trabajando hasta que de plano ya no había dinero ni para despedirnos.

Me sentía completamente rota, no sabía qué hacer, porque ese era el trabajo de mi realidad, el que pagaba mis cuentas, y sin aviso ni muchos ahorros todo se terminó, así de un día para otro. Justo por ese tiempo yo había empezado a hacer unas pequeñas libretas con mis personajes, la realidad es que las vendía entre mis amigos, pero en ese momento de angustia lo vi como una pequeña veladora que se mantenía encendida entre tanta oscuridad, tampoco era como que pudiera vivir solo de eso, pero al menos me mantuvo a flote durante el mes que tardé en conseguir otro trabajo formal.

No tenemos certeza de nada, ni siquiera cuando somos nuestros propios jefes, pero sí podemos amortiguar el golpe si prevemos, planeamos un ingreso extra y sabemos invertir esos pesitos que, en momentos difíciles, se convierten en una maravillosa tabla de salvación.

VELADORAS QUE PODRÍAS ENCENDER EN CASO DE UNA EMERGENCIA ECONÓMICA:

Hace unos días estaba viendo unos videos de una persona millonaria pero de esas que están ya en otro nivel, y contaba los mejores tips para invertir y dije: "Sí, sí, qué bonito, ¿y las personas que con trabajo y llegan a la quincena?". Sí, porque la realidad de la mayoría es que ni un ahorrito pueden tener, ahora imagínate hablar de invertir en la bolsa o en activos como comprar unos departamentos y vivir de tus rentas. Con esto quiero volver a lo de mis libretas, ¿sabes con cuánto dinero empecé ese miniemprendimiento que me mantuvo a flote? Fueron mil pesos, unos cuarenta dólares americanos. **Lo que me ayudó en ese entonces fue que a pesar de haber puesto lo mínimo para mandarlas a hacer, cada vez que vendía mis libretas reinvertía todo en hacer más.** La verdad, no sé qué hubiera hecho si no hubiera tenido ese pequeño escape en ese momento en el que me quedé sin trabajo.

Y es que al menos en mi barrio y por la manera en la que crecí, siempre veía a la prima que era contadora pero que igual vendía por catálogo, al amigo que estaba estudiando la universidad pero que amaba los coches y vendía autopartes para tunearlos, siempre vi mucho ese movimiento de economía informal, que era algo hasta natural. Mi tía abuela abría las puertas de su casa y vendía pozole, otra amiga vendía postres, la chavita que además de estudiar mercadotecnia ponía pestañas, todos siempre buscaban tener un ingreso extra, ya sea por aquello de monetizar eso que te gusta hacer o porque sí te hace falta un dinero extra, y sabes, está bien. Conocí el trabajo viendo a los demás haciendo un poco de todo para salir adelante y cuando a mí me tocó incorporarme a la vida laboral no tuve miedo, mucho menos dudas de que tenía que diversificarme. Si además, disfrutas ese trabajo y tus otros emprendimientos, aunque sean muy modestos, no se siente como una tragedia, sino como un triunfo ante un sistema cada vez más difícil.

Aquí llegamos al punto de qué podría pasar si algo que tienes planeado simplemente no funciona o al menos, no como tú querías. No te confíes, no pongas todos tus huevos en la misma canasta, qué pasaría si se te cae y todos se rompen. Créeme, yo sé que aquí hablo desde mi propia ansiedad, pero es que este sentido arácnido que poseo es tanto una bendición como una maldición, veo tantos posibles resultados catastróficos que es mejor adelantarse.

¿Has notado que justo esas personas millonarias de las que te hablé, siempre diversifican? Yo sé que hablamos de palabras mayores, pero los puedes tomar como ejemplos, y no es que vayas a invertir con ellos en la bolsa, pero sí ve como siempre tienen que los restaurantes, pero también el gym y al mismo tiempo la compañía de no sé qué. Ah, pues aquí mi consejo es que ahora lo hagas a tu propia escala, mini, sin invertir todos los ahorros de tu vida. Pondré de ejemplo de nuevo a mi amiga que tiene su academia de danza, cuando cayó la pandemia tuvo que cerrarla... sí, su sueño se vino abajo y aprendió que no podía tener todas las esperanzas en una sola cosa. Ahora, además de la danza tiene varios emprendimientos funcionando al mismo tiempo, uno de botanas para fiestas y eventos, otro de regalos personalizados a la puerta de tu casa y otro de carritos de helados. Todo gracias a que se dio cuenta de lo valioso que era el haber conectado con tantas personas a las que les ponía bailes para sus fiestas, vio la oportunidad y la tomó.

**Empieza a pensar en chiquito
y en cómo paso a paso
puedes ir avanzando.**

¿QUÉ OPORTUNIDADES DE
NEGOCIOS ALTERNOS TENGO?

10. CREATIVIDAD

COMPLETA ESTE CUENTO, DALE UN FINAL A LA HISTORIA.

Es bien sabido que los mejores anécdotas empiezan cuando damos un salto de fe, o valentía, o algo así.

Todo inició en la base lunar del sector 24 en donde...

Érase una vez un gato que estaba obsesio-
nado con la investigación paranormal,
sí, era como el Constantine de los michis.
Entre sus hazañas más extremas logró
cosas como...

DIBUJA PERSONAS CON LAS FIGURAS, ASÍ COMO EL EJEMPLO:

DECORA LAS CALCETAS COMO EL EJEMPLO:

11. AMOR BONITO VOL.2

Nos han hecho creer que sentir y, peor aún, expresar tu amor propio es una cosa de personas altamente ególatras y soberbias, que los que se sacrifican son los únicos buenos de la historia y que vivir solo con dolor es algo honorable. Para mí honrar tu vida propia y amarte es lo más bonito que puedes hacer por ti: quiérete, aprende a amarte. Deja de poner el peso de tu felicidad y expectativas por completo en otras personas, esto es como construir una casa, si lo haces tú con tus propias manos tendrás seguridad de lo que has hecho; si dependes de un desconocido, en una de esas no todo sale como lo tenías planeado.

Puedes compartir experiencias y momentos con otras personas y sí, eso es sano, pero al final la única persona que estará ahí para ti, eres tú. Te invito a que escribas una lista de cosas que amas de ti. No tengas miedo o pena, ¡al contrario!, este es el momento para que plasmes lo verdaderamente importante, que es aquello que ves en ti ¡y te encanta!

Durante mucho tiempo me sentí incompleta. Volviendo a la terapia psicológica, descubrí que las brujas habían impedido que germinara mi autoestima, con sus constantes críticas y maltratos evitaron que esa parte en mi cerebro se desarrollara, simplemente no existía. Con el paso del tiempo, cuando recibía un cumplido no me lo creía, pensaba que las personas lo hacían solo por quedar bien o por razones ocultas, yo ni siquiera podía aceptarlo. Con esto no me refiero solo a lo físico, sino también a mi trabajo. Si me felicitaban por un dibujo o algo, lo único que sentía era vergüenza e incertidumbre, porque durante gran parte de mi vida cuando recibía un cumplido iba seguido de una grosería. Este ha sido un tema muy complejo de tratar y manejar pero ¿sabes?, algo que me ayudó mucho a trabajarlo es que un buen día, como parte de mi terapia, el psicólogo me dijo que aprendiera a vivir el momento, que me sentara solita en mi oficina, que viera mis coleccionables, mis libros, mis cuadros y que me diera cuenta de que todo eso lo había creado mi cerebro, que le diera el valor que merece y que le hablara bonito a la Vania niña que molestaban antes.

Después empecé a trabajar con lo físico. ¿Te cuento algo?, hasta hace unos cuantos años no podía usar vestidos, eso también lo habían contaminado, así que me armé de valor y empecé a portarlos con orgullo, y ahora siento que volvieron a ser mi prenda favorita para vestir y ¡amo cómo me quedan!
Ha sido un proceso largo y un tanto tedioso pero cada día estoy aprendiendo a amarme y a recuperar esa autoestima que me fue arrebatada.

ESCRIBE TRES CUMPLIDOS
QUE LE DARÍAS A TU "YO"
DE LA INFANCIA.

¡Valórate! Es más muchas veces tú solito te tienes que dar aliento para seguir. En ocasiones nos hacemos chiquitos ante personas o circunstancias que nos parecen incómodas y con eso, empoderamos a gente que desquita todas sus frustraciones en otros que no tenemos nada que ver con esas carencias.

Hace muuuuchos años, cuando acabé la universidad, me invitaron a una reunión de amigos, en tal evento me reencontré con un excompañero al que en realidad nunca le había hablado mientras estábamos en la escuela pero que siempre me había parecido lindo. Aaah, pero agárrate de donde puedas, mi cielis, porque cuando llegó a tal tertulia estaba cambiadísimo, haz de cuenta que había pasado por una de esas escenas de telenovela en la que transforman el look de alguien y sale una persona súper atractiva. Yo hasta dije: "Ah, caray, qué pasó aquí".

El individuo en cuestión me pidió mi número de celular y yo la verdad es que siempre fui bien tonta e insegura para eso de la conquista, pero hasta eso, reaccioné y se lo di. **Nos mandábamos mensajes todo el tiempo y luego también hablábamos, yo dije: "Wow, ¿será este mi amor real?".** Ja, ja, ja, total que un día lo invité a una fiesta en la que iba a estar la bruja mayor, la misma que siempre me molestaba por mi soledad, y el tipo me había dicho que sí iría, lo que provocó que cuando la bruja se acercó a querer molestarme le respondí que había invitado a un amigo con el que estaba saliendo y que estaba muy guapo.

Peeero ya en la fiesta empezó a pasar el tiempo, le escribí a él y me dijo que sí iría, segurísimo llegaba, pasó más tiempo y me dijo que iba algo tarde, pasó más y más tiempo y, bajo la vista ya un tanto burlona de la bruja porque pensaba que me había inventado tal situación, él dejó de contestarme los mensajes y apagó su celular. Me senté en una silla y ya no dije nada, me sentía triste y decepcionada.

Al siguiente lunes, mientras estaba trabajando
en mi oficina, me escribió un mensaje, me dijo
que no había podido ir porque había pasado algo
muy tremendo, y es que había ido a hablar con su
exnovia que también era su vecina y cuando fue a
dejarla a su casa (dentro de la misma calle donde
él vivía) habían pasado por un taller mecánico y los
trabajadores del taller los habían asaltado (o sea,
sí, sus propios vecinos que los veían todos los días),
les habían quitado todo (claro, menos el celular de
él ja, ja, ja) y la ex no paraba de llorar del miedo,
así que caminaron unos cuantos pasos a la casa de
ella y él, siendo honorable y valiente, le dijo: "No te
preocupes, yo me quedo a dormir contigo...".

¡JA, JA, JA, JA!
Ahorita ya me da risa, porque es todo ilógico y sin sentido, pero en ese entonces me sentí mal porque una vez más yo no había sido suficiente, me había hecho menos ante la ex, ante la situación, ante la bruja, ante todo. Y aunque no tenía ni medio gramo de autoestima, sí recuerdo bien que puse un alto y decidí dejar de contestarle al tipo, con todo y que me gustara, porque yo no iba a ser su segunda opción y tampoco le iba a creer una historia tan inverosímil.
Por eso te repito: deja de hacerte menos, porque si lo permites las personas van a intentar tomar ventaja de cualquier situación que se les ponga enfrente. Aprende a defenderte y a proteger lo que quieres para ti, comenzando por tu paz mental y tu corazoncito.

Antes de continuar, déjame decirte que no eres una persona incompleta si no estás en pareja, es más, hay quienes incluso están mejor solas. Continuemos. Ahora, esa escena de película en la que tu pareja ideal llega justo antes de que tomes un avión al otro lado del mundo y te confiesa su amor mientras unos cuarenta desconocidos se ponen de acuerdo para hacer un baile improvisado que sale perfectamente coreografiado... pues igual y no pasa, mi cielis.

Y es que hay de dos: o tenemos expectativas irreales en las que en un principio soñamos con viajar a un centro arqueológico en el que de la nada al tocar una piedra mágica nos transporta al medievo y conocemos a nuestro amor ideal, que además resulta formar parte de la realeza, o terminas con la persona equivocada que no hace el mínimo esfuerzo y no cumple pero con nada, nada nadita de lo que quieres en tu vida en una manera más realista. Aaah, pero el miedo a la soledad o al qué dirán te mantiene ahí en ese limbo.

SI QUIERES UNA RELACIÓN PON
LAS COSAS QUE TE GUSTARÍA QUE
TUVIERA LA OTRA PERSONA:

¿Recuerdas mi anécdota del novio inventado?
Ah, pues de ese momento aprendí a no repetir
esos patrones tóxicos; no me verás preguntando
por amores, vidas o maternidades ajenas porque,
aunque no lo creas, no todas las personas queremos
lo mismo ni tenemos el mismo proyecto de vida. **Si
bien las mujeres tenemos un reloj biológico que es
real, tampoco es como que sea de la incumbencia
de nadie el presionar, predicar y aconsejar qué
debes o no hacer con tu cuerpo y con tu vida.**

Tal vez tu plan de vida sea escapar y plantar mandarinas porque eso te encanta y está bien. Dejemos de entrometernos en la vida de otras personas, porque en realidad nunca sabemos cuándo podríamos estar lastimando a alguien.
¿Y LOS HIJOS?
¿PARA CUÁNDO?
¿ESTÁS EMBARAZADA?

No tienen idea de cuántas veces me han
preguntado en contenido virtual donde dibujo
o enseño unos zapatos o cualquier cosa que no
tenga que ver con este tema en específico si estoy
embarazada. ¿Qué pasaría si le preguntaras eso
a alguien que acaba de perder un embarazo? O
que simplemente de plano no puede procrear otra
vida, sí, la estarías lastimando solo por el hecho
de querer saciar tu curiosidad, cosa que igual y tú
puedes olvidar a los dos minutos, pero la persona en
cuestión lo recordará como un fracaso más.
Y pasa exactamente lo mismo con el ¿y el novio?,
o se te va ir el tren, ¿cuándo te vas a casar? No
quiere decir que cada vez que se haga alguna de
estas preguntas la curiosidad venga desde un lugar
oscuro y malévolo, pero volvemos al punto anterior,
puedes estar lastimando a alguien.
Ahora qué pasa si estas preguntas te las hacen a ti.
En ese caso desarrollé un superpoder de habilidad
mental que me permite contestar cosas graciosas
o increíblemente incómodas, cosa que me permite
hacer sentir raro a las personas que han preguntado
para que se den cuenta del error que han cometido.
Eso y también el poder de ignorarlas je, je.

12. DECRETA PERO TAMBIÉN TRABÁJALE

Tienes que moverte para que las cosas pasen. De nada hubiera servido eso que tanto decía yo de pequeña que de grande iba a vivir de dibujar mis monos si no hubiera practicado y dibujado cada día, incluso ahora lo sigo haciendo, sigo desarrollando ese cerebro para los retos que me impone día a día esta carrera. Cada vez se complica más pero igual las satisfacciones son mayores. Esos dibujos no hubieran pasado más allá del refrigerador de mi mamá donde ella los ponía con unos imanes, y sí, te hablo desde mi experiencia porque es lo que conozco, pero también aplica a un sinnúmero de disciplinas, ¿quieres ser el mejor chef?, ¿el mejor comunicador?, eso solo lo consigue la práctica y la constancia.

¿Quieres algo? ¿Realmente sientes que no puedes ver tu vida haciendo otra cosa? Pues hazlo, **empieza desde donde estás y como sea, no esperes a estar preparado en el momento ideal porque eso nunca va a llegar.** Deja de idealizar lo que algún día podrías haber logrado si tan solo te hubieras atrevido.

Si realmente quieres algo vas a tener que salir al mundo a luchar por ello. Recuerdo cuando escribí mi primer libro, tenía mucho miedo de no poder terminarlo y que al publicarlo solo vendiera dos copias, la mía y la de mi mamá, pero con todo y ese terror me aventé a hacerlo, y mira, este es el sexto que escribo, las letras fluyen cada vez más y sí, a veces todavía siento esa ansiedad pero aun así he continuado y pienso seguir haciéndolo. Simplemente continúo trabajando mis sueños.

SUEÑOS EN LOS QUE QUIERO TRABAJAR:

Antes hemos platicado sobre cómo solemos admirar las vidas de otras personas únicamente por lo que vemos en redes sociales, y déjame decirte que siempre hay que sospechar un poco de quien se muestra como alguien perfecto con abundancia en todos los sentidos, porque esos espejismos pueden ser solo eso, espejismos. **Yo pienso que los sueños realizados, sean pareja, estabilidad económica, amistades o una adultez bonita son producto de un largo camino, no de milagros repentinos.** No tienes idea de cómo me frustra ver contenido de vendehúmos que te ofrecen cursos para lograr eso que tanto sueñas de manera mágica, y lo más decepcionante es que cientos de miles de personas caen en eso. ¿Lo peor?, son personas vulnerables que al no ver resultados se sentirán insuficientes y dejarán de tratar de conquistar sus metas.

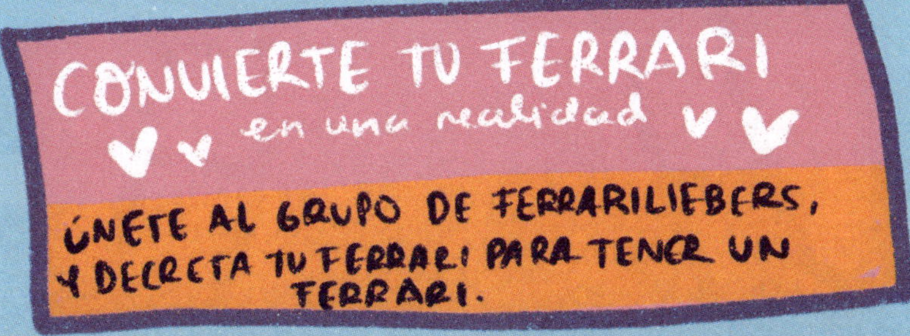

La realidad es que no puedes construir sobre humo, las cosas que valen la pena toman tiempo, esfuerzo y trabajo, si todo se diera en un abrir y cerrar de ojos, sería muy sospechoso, ¿no?, tal como le pasó a Aladdín, que se deslumbró con el primer deseo. Planear y llevar a cabo tus sueños es como si edificaras una casa: entre más fuertes sean tus cimientos, más va a durar tu construcción, más pisos le vas a poder agregar, porque tendrás la seguridad de que tienes algo sólido a largo plazo.

La vida tampoco se trata de una competencia de a ver quién llega más lejos mucho más rápido, porque los atajos suelen ser peligrosos. Me parece una cosa increíble el tener fe, pero siendo una persona altamente ansiosa yo prefiero tener certeza de las cosas que puedo controlar. Quizás la fe me sirva en un primer impulso, y todo lo demás dependerá de mí. Recuerdo el caso de un personaje público que juraba y perjuraba que había manifestado belleza física, que había tenido un glow up gracias al poder de su mente; las personas que lo conocíamos sabíamos que en realidad se había sometido a varios procedimientos de cirugía estética que habían cambiado su apariencia, y está bien, en realidad se ve muy bien, lo que sí está raro es venderle la idea a otras personas engañándolas con que pueden conseguir los mismos resultados solo si piensan de manera mágica y lo decretan todas las mañanas, mismos decretos que él vendía en un curso de manifestación de la belleza o algo así.

Pienso que si eres una persona pública con un gran alcance puedes usar ese poder para algo constructivo o, por lo menos, no engañar a quienes tienen una enorme necesidad de aceptación y podrían caer en charlatanerías.
Si el pensamiento mágico te sirve como un extra, un placebo o un aliciente está bien, pero te recomiendo que te mantengas presente en tu realidad, la disfrutes y también trabajes en ella para que esos sueños de verdad se cumplan.

13. ¿QUÉ PASA CON EL HATE?
BLAAAA BLAAAA
BLAAAA
BLA BLA
BLA
BLA
BLA BLA
BLAAAA
BLAAA
BLAAA
BLAAAA
BLAA
BLA
BLA
BLAAAA
BLAAAA BLAAAA

Hace poco me enteré de que un amigo que es un ilustrador talentosísimo, del cual en verdad admiro su cerebro y creatividad, lamentablemente estaba sumergido en una tremenda depresión gracias a comentarios mal intencionados que personas ajenas a él le dejaban en sus redes sociales, y no, no se referían a su trabajo, lo molestaban por su apariencia física. Y es que cómo una persona mentalmente sana podría tomarse el tiempo para vomitar basura en un comentario hacia alguien tan talentoso y que no conoce. Pero ¿sabes?, las personas dan lo que son, sacan todo lo que tienen dentro principalmente cuando es malo, porque el veneno intoxica.

DEJA LO ESCRIBO EN MI MÁQUINA INVISIBLE...

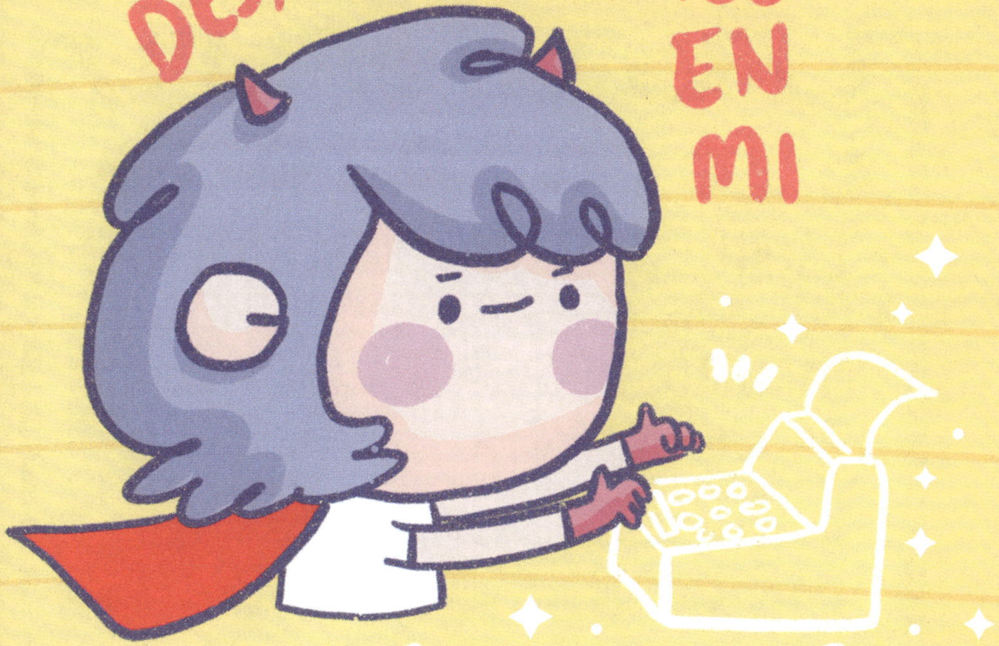

Mi único consejo para este amigo fue: no leas lo que escriben, el que una persona diga lo que quiera, sienta o vea, **simplemente es un reflejo de lo que trae dentro, tú sigue viviendo de tu sueño, eso nadie te lo puede quitar, y al modo de los Simpson, escribe eso en tu máquina invisible.** Es muy fácil criticar desde el anonimato, hacer comentarios no pedidos. Quizás al principio cueste un poco de trabajo ignorar a quien tiene esos comentarios tan mal intencionados, pero una vez que consigues hacerlos a un lado de tu vida sientes un alivio maravilloso y esas malas vibras van quedando cada vez más lejos.

Yo siempre juego a que guardo esas críticas no requeridas en mi caja de cosas que no me importan, así no las ves y no te molestan. Las críticas, como las personas: acepta cerca de ti solo lo que vale la pena.

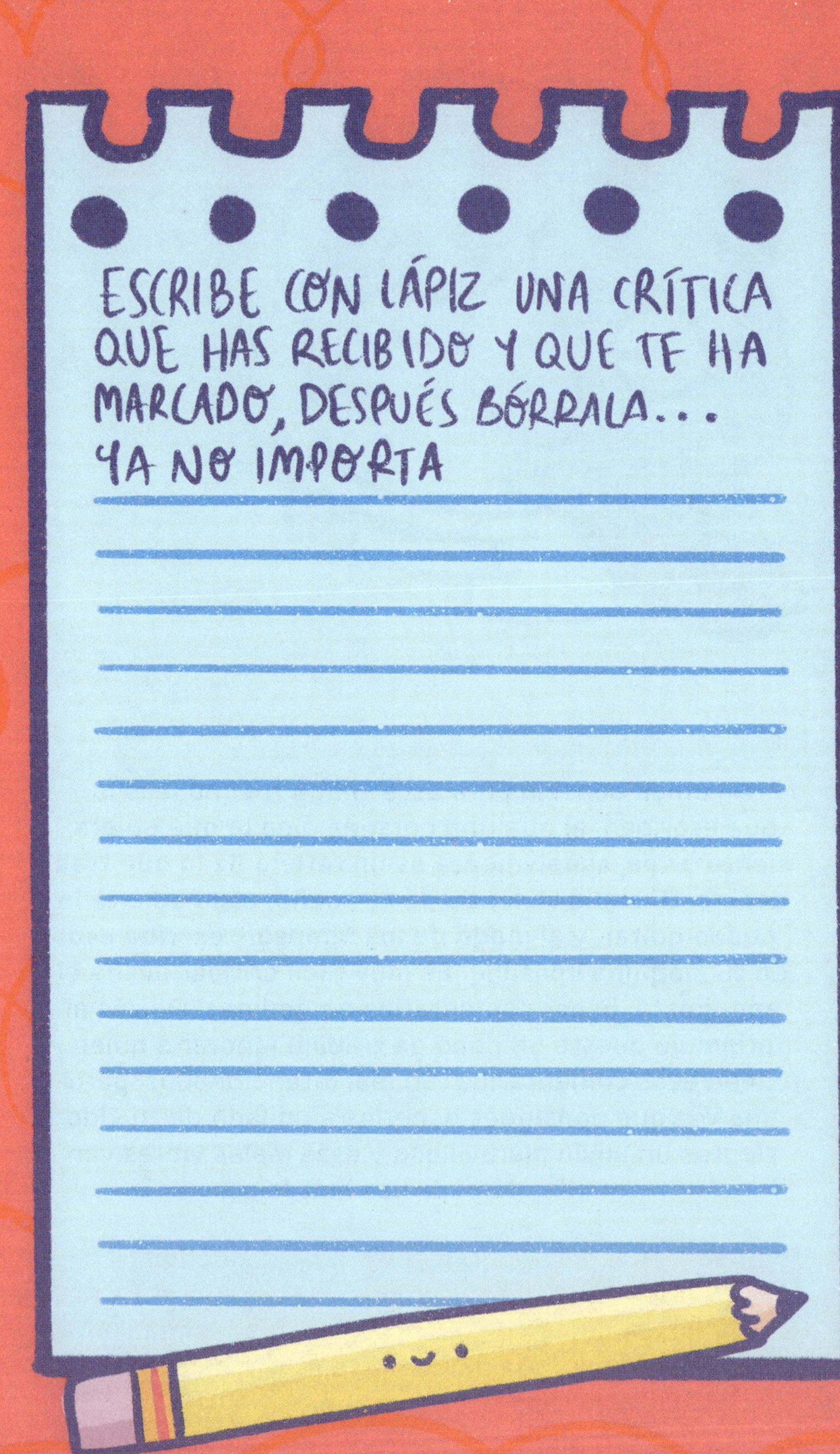

ESCRIBE CON LÁPIZ UNA CRÍTICA
QUE HAS RECIBIDO Y QUE TE HA
MARCADO, DESPUÉS BÓRRALA...
YA NO IMPORTA

Uuuy, si yo les contara... **hay personas que se toman el tiempo de hacerte saber lo que deberías hacer o no.** Los comentarios de ciertas personas pueden ir desde tu apariencia física hasta tu vida profesional, pasando por la familiar e incluso tus mascotas, y créeme, no es porque tengan la razón, es solo porque tienen la oportunidad de decirlo (o más bien, escribirlo, porque no sé si se sentirían con el mismo valor si te vieran en la calle y si sí, qué miedo), así sea una estupidez, lo dicen. **Muchas personas tienen el ego muy por encima como para creer que siempre sí o sí tienen algo de "valor" que aportar, y lo peor, que el otro está obligado a escucharlo.** En esta vida nada es obligatorio, y menos darle la razón a alguien que cree tener la verdad absoluta sobre ti o sobre otras personas que tan solo conoce por una publicación en redes sociales.

Es alucinante empezar a leer o a escuchar un "yo creo que debería…" para darte cuenta del rumbo que tomará esa situación, y como no hay nada que te pueda preparar para la verborrea, te recomiendo irte, silenciarlo, hacerte de oídos sordos y de ojos ciegos… ahora que si ya estás en un nivel más avanzado de salud mental pon un límite, una sana distancia y aléjate. Y es que las discusiones empiezan porque nunca harás que una persona necia cambie de perspectiva, siempre creerá que su percepción es la única manera correcta de ver las cosas y no la vas a mover de ahí.

Valora tu tiempo y tu energía, tratar de hacer entrar en razón a alguien que no quiere hacerlo es una batalla perdida, así que toma las cosas de quien vienen, como cuando es una crítica constructiva de alguien que nunca ha construido nada en su vida.

Hace no mucho una persona me dijo que yo usaba una máscara de good vibes y yo así de "mi hermano, si así fuera no te estaría contando mis tragedias todo el tiempo, creo que soy todo lo contrario, es más, te digo que te van a pasar cosas no tan agradables tras cosas no tan agradables y así sucesivamente, pero que si te pones listo puede que aprendas algo de eso".

No sé dónde lo escuché pero alguien una vez me dijo que si a los gatitos, que son los seres más adorables sobre la faz de la tierra, hay gente que no los quiere ni soporta, yo qué me puedo esperar. Y pues sí, qué te digo, así es la vida, en una de esas le caes mal a una persona completamente desconocida porque ha creado una imagen en su mente de ti de algo que no eres, o bien representas otra cosa que odia y le frustra.

En mi experiencia, son personas que demuestran lo que son en su relación con los demás, quizás viven con una enorme frustración y por eso nadie está a la altura de sus expectativas, que en realidad son las de ellos mismos y eso no significa que haya algo de malo en ti. ¿No te ha pasado que conoces a alguien y sientes que le caíste mal inmediatamente sin siquiera haber platicado? Calma, no eres tú, es esa persona, que no ha tenido la oportunidad de conocerte como para tener una imagen real de quién eres y por qué sí o no serían compatibles. **No estamos obligados a caerle bien a todo mundo, pero tampoco a tratar de convencerlos de que vale la pena tener una amistad. Tan solo deja que las cosas fluyan y si no sucede, tranqui, no pasa nada.**

Por eso lo más sano es dejar de fijar tu atención en personas que no te suman nada y solo opinan por opinar. Total, no vives de las críticas y no te mantienen.

ANATOMÍA DE UN TROLL

¿Has escuchado el término *troll*? Déjame decirte que sí, son como te los imaginas: malos, destructivos, perversos, pero a diferencia de los monstruitos imaginarios, estos habitan en internet y asoman las cabezas solo para decir cosas negativas. Ah, y tienen tiempo de sobra para engancharse en peleas inútiles con el fin de hacerte sentir muy mal. **Es casi imposible detenerlos, pero tienen un punto débil que los destruye: ignorarlos.**

No alimentes al troll, no le des esa sensación de haber provocado una reacción en ti, no le hagas saber que lo que te dijo te ha dolido. Si bien es cierto que hay ocasiones en las que sí o sí debes de poner un hasta aquí, otras simplemente no vale la pena.

Sé que a veces es imposible no responderle a alguien que ha dicho algo horrible e hiriente, pero uno tiene que saber escoger sus batallas. Por ejemplo, hablando del mundo digital, ¿en verdad el comentario de @Rosita43ñ*1 va a cambiar algo en tu vida?, ¿quieres desgastar tus neuronas en una persona que se la pasa peleando con medio mundo? Como los trolles son seriamente alérgicos a pasar desapercibidos, tienes el poder en tus manos, haz de cuenta que sus comentarios no existen y mágicamente desaparecerán, te lo prometo.

También toma en cuenta que así como pasa en el mundo digital, también pasa en el mundo real y ahí también te puedes alejar e ignorar comentarios malintencionados.

14. VALENTÍA
(EMPRENDIMIENTO)

Hay días en los que digo: "**De verdad no creo que se pueda tener más estrés que esto que estoy sintiendo ahora mismo**", y de pronto llega la vida a decirme: "¡Toma, mi cielis, ahí te viene otra tormenta!", así que a manera de chiste escribí un post-it que tengo pegado en mi computadora pero que sin esperarlo me ha servido muchísimo, porque cada que me enfrento a otro problema lo veo porque lo tengo de frente y sé que siempre voy a poder seguir.

Y vaya que sé de esto del emprendimiento, tal vez lo sepas o no, pero tengo todo un libro al respecto, y a resumidas cuentas te puedo decir que es algo muy complicado y que no es el camino para todos. Me he topado con muchas personas que lo romantizan o lo ven como un modo de recuperar su libertad y cuando estás del otro lado, te das cuenta de que es todo lo contrario.

Y como soy doña ejemplos, ahí va otro. Tengo un amigo que me dijo que dejaría su trabajo formal para emprender, ya lo tenía planeado, ahorros, todo el sistema perfecto. Yo le dije: "No dejes tu trabajo hasta que este negocio funcione, o al menos no al principio, o te vas a frustrar cuando empieces a ver la realidad del estrés que vas a manejar, no habrá horarios fijos y el dinero puede que empiece a faltar, y no es que sea una maldición, es que sí va a pasar en un punto o en otro". Al fin dejó su trabajo, fue feliz unos cuatro meses y después vi una publicación en la que sacaba su frustración porque nada era fácil, la libertad que tanto ansiaba ahora estaba cada vez menos presente porque el negocio lo consumía por completo, nada era como pensaba y aun así quería continuar.

Es ahí donde está la distinción de los que simplemente renuncian al sueño porque no están dispuestos a pagar todos los sacrificios que el construir algo propio requiere y los que aun teniendo el mundo encima, aprenden y redireccionan sus esfuerzos para continuar.

Sí, siempre vas a poder, siempre y cuando realmente quieras poder.

PERSONALIZA TU PROPIA
NOTITA, CON LA FRASE
QUE CREES QUE
NECESITAS:

SI TE CAES POR MENSA, TE LEVANTAS POR DRAGONA.
Si te contara todas las veces que me he equivocado
como emprendedora, tal vez necesitaría otros seis
libros, pero algo que me ha sacado a flote es que
cada una de esas situaciones me ha dejado un
gran aprendizaje. Al inicio de mi marca, cuando fui
estafada por un "amigo", aprendí que siempre se
deben hacer contratos de todo y para todo, o cuando
mi computadora se descompuso y perdí los archivos
de años, ahí aprendí a respaldar mi trabajo; también
tengo una anécdota de que por no saber hacer facturas
alguien escapó con un proyecto y ni me lo pagaron.
Y es que sí, te vas a enfrentar a tantas situaciones
adversas que ya llegas a un punto en el que dices o
me rio o lloro, o los dos... y aun así de cada una de esas
experiencias vas a aprender.

Es cuestión de mera resiliencia, aprender a construir cosas buenas de las tonterías que te pasan. También dejas de confiar ciegamente en las personas y poquito a poco te vas rodeando de otros que son expertos en sus ramas y te pueden ayudar a crecer más.
Vas a tener que desarrollar seguridad, saca la dragona que hay dentro de ti y ponte en alerta todo el tiempo, aprende a defender lo tuyo.

LISTA DE TODAS ESAS VECES QUE SÍ ME HE LEVANTADO:

De la nada te vas a encontrar con un panel de expertos tanto en redes sociales como en tu vida real, todos van a ser opinólogos certificados por la Real Academia del Chisme y van a identificar de manera inmediata lo que estás haciendo mal, aunque no sepan ni de lo que están hablando. Y es que por razones desconocidas la gente tiende a criticar con aires de superioridad moral lo que desconoce. Recuerda el ejemplo del emprendimiento de mi amigo, yo le di un consejo porque ya había pasado por ahí, ya había vivido lo que él estaba por enfrentar, le hablé desde la experiencia, para que al menos estuviera consciente de lo que podía ocurrir y estuviera prevenido. Pero cuando una crítica viene desde abajo no quiere decir que alguien sea menos que tú, simplemente no ha avanzado hasta el punto al que quieres llegar, por lo tanto su crítica no viene desde el conocimiento, sino de la frustración porque no se ha atrevido a intentarlo y quiere verte caer, porque quiere que avances pero nunca más que él o bien, desde la estupidez pura y simple.

Sí, también hay personas que solo dicen tonterías porque sí y ya. Así que antes de tomar una crítica como válida, checa de quién viene y analiza si realmente es útil.

15. ALQUIMIA

Hace algún tiempo por segunda vez en mi vida sentí que me iba a ir, que en cualquier momento llegaría a las puertas de san Pedro a tocarle el interfón para convertirme en huésped permanente de su Airbnb celestial. Afortunadamente no sucedió, y creo que algo que me dio mucha fuerza fue una situación que pasó de imprevisto y creo que fue cosa del destino.

Mientras estaba en la sala de espera de uno de los especialistas que me atendieron, una persona me vio llorando y en un estado por más deplorable, y así sin más, me dijo: "¿Sabes qué es la alquimia?". Y yo así de: "Mmm, ¿yo?, ¿me estás hablando a mí?, mmm… pues sí, es aquello de la antigüedad cuando querían transformar el plomo y otros metales en oro". A lo que este ángel mandado del cielo me respondió: "Bien, pues toma todo esto malo que te está pasando y transfórmalo en oro". Juro que algo hizo click en mi cabeza y le dije: "Tienes razón".

Con mi primer libro pasé por algo similar y de ese plomo tan pesado y oscuro pude construir una increíble obra que se convirtió en el inicio de mi carrera como escritora, y que hasta la fecha sigue siendo mi libro más exitoso y el que más vidas ha tocado. Y es que es muy cierto aquello de que cuando te falta salud, casi cualquier otro problema que puedas tener se ve increíblemente minimizado. Después le comenté lo sucedido a mi psicólogo y me dijo que sí, que era un excelente consejo y que mi vida se caracterizaba por ser extremadamente resiliente, de alguna u otra forma siempre terminaba construyendo castillos con las piedras que me aventaban.

Ahora ese consejo te lo doy yo a ti, ya sea que tengas problemas sentimentales, familiares, en el trabajo, de salud... de lo que sea, piensa en la alquimia, transfórmalo en oro para tu futuro. Obviamente no va a pasar que en el momento exacto y por mera magia digas: "Ay, ya todo está bien", pero piénsalo. **A mí me ayudó muchísimo el tener la idea de que podía transformarlo en algún punto y me impulsó a seguir adelante en un momento tan oscuro.**

ALQUIMIA PROPIA: COSAS Y SITUACIONES QUE HE TRANSFORMADO PARA MI BIEN.

Si en algo soy experta es en construir algo bueno y bonito a partir de situaciones difíciles, es más, si fuera deporte olímpico yo ya tendría varias medallas. Hace un par de meses iba en el coche con Damito platicando sobre cierta circunstancia que estaba pasando con mi marca, de un paso importante que debería dar, cosa que había sucedido porque ya teniendo un proyecto avanzado y muy asegurado, de la nada se me había caído, me habían cerrado la puerta en la cara. Fue así que me dijo el mejor cumplido profesional que me han dado en mi vida: **"Es que tú y tu hermano, cada vez que les cierran una puerta, en lugar de abrir una ventana construyen un edificio completo a un lado".** Y sí, justo estábamos haciendo eso de manera metafórica. Cuando mi hermano y yo éramos chiquitos soñábamos despiertos, y en el punto más bajo y de más precariedad, fueron esos sueños los que nos mantuvieron a flote, decíamos que cuando fuéramos grandes íbamos a tener nuestra marca, una oficina e íbamos a trabajar juntos, podríamos comprarnos tenis y jamás, pero jamás íbamos a dejar de comer por no tener dinero. **Ahora cada que recuerdo eso me da muchísima nostalgia porque gracias a ese par de niños sí tenemos nuestra marca.**

Claramente en aquel entonces no teníamos ni la más mínima idea de cómo lo lograríamos, pero sí había mucho impulso y necesidad de cambiar nuestra realidad. Vivir es estar en una constante ruta de altibajos. Sí, vas a tener días, meses y hasta años en los que es posible que no verás la salida, pero en verdad quiero transmitirte que cuando tienes un objetivo claro, lo trabajas, lo sueñas, lo deseas tanto que no habrá otra opción para ti más que lograrlo. No va a ser fácil, es más, será todo un reto que te tirará una y otra vez, pero si de verdad lo sientes con todo tu ser y corazón, simplemente inténtalo, en una de esas sí resulta, y si no, cambia de estrategia y vuelve a iniciar cuantas veces sea necesario o redirecciona esos sueños.

Habrá muchas lecciones no pedidas, aquellas que llegan a nosotros de maneras inesperadas e incluso negativas pero están ahí por algo y tenemos que aprender de ello. Al día de hoy, entiendo la razón por la aparecieron en mi vida, por más difíciles que pudieron haber sido, porque aprendí lo suficiente, me hice fuerte y salí adelante. Cuando una de esas lecciones no pedidas aparezca no la odies, al contrario, analiza por qué está ahí en ese preciso momento y sácale mucho provecho, estoy segura de que tu yo del futuro lo agradecerá.

COSAS CON LAS QUE ANTES SOÑABAS Y AHORA SON PARTE DE TU REALIDAD:

Como habíamos platicado, no tienes que caerle bien a todos, ni siquiera tienes que gustarles porque quizás el mundo tiene sus propios parámetros, unos muy crueles, y ni modo, pero tú eres tú a tu manera y está bien, hay muchísimo valor y autenticidad en ello. Sé que cuesta trabajo sentirse parte de algo, pero ¿no te has preguntado qué increíble es ser único e irrepetible?, incluso si no encajas en esos estándares. Ser el patito feo me ayudó a ser quien soy. **Siempre fui esa niña a la que nadie elegía, me costaba hacer amigos porque todo me daba pena y durante toda mi infancia y adolescencia me hicieron sentir que no era suficiente.**

Viví rodeada de comparaciones: que si no era tan bonita como tal o cual, que si era medio rarita, que era muy infantil para mi edad (eso me lo dijeron a los doce años) ja, ja, ja, que vivía en mi propio mundo, y lo más importante, ese tipo de promesa constante que me repetían una y otra vez: "Pero cuando seas grande te vas a arreglar". Vivía pensando que en el futuro todo podría ser mejor, pero ¿cuánto tiempo tomaría eso? El primer límite que me puse fue a los quince años, pensé que a esa edad de seguro me vería como todos esperaban, pero no pasó. Luego dije: "De seguro cuando esté en la preparatoria tendré ese tan deseado glow up y todo mejorará". Tampoco pasó. Luego creí que la universidad sería un buen momento para lograrlo. **Pues no, seguí siendo bien "rarita".**

¿Sabes?, precisamente esos gustos fuera de lo ordinario, el inventar canciones para dejar de tartamudear, el dibujar para poder silenciar mi ansiedad, el crecer rodeada de hombres que amaban los superhéroes, **el no ser bonita como la gente esperaba**, todo eso creó un **hermoso guacamole con una receta realmente única, con ingredientes que me formaron como la persona que soy ahora.** Y justo eso que era tan extraño para algunas personas que me rodeaban se convirtió en algo más grande que ha resonado con millones de personas que se sienten identificadas con ser adultos independientes con gustos bien dementes.

Por cierto, es muy común que me pregunten de dónde salió este tremendo temazo, canción, himno millennial y la verdad es que hice un TikTok muy feliz en el 2020, creo, cuando me llegó una paleta de maquillaje de ojos de Sailor Moon que me había sido casi imposible conseguir. Pensé que sería una buena idea grabar un unboxing, lo hice, me inventé la canción en el proceso de unos tres segundos, como todas mis grandes composiciones... todas ellas desconocidas, la subí a TikTok y un mes después ya se había viralizado.

Amo con locura ser como soy, me gusta compartir que puedes disfrutar siendo tú mismo sin sentir pena. Atrévete, no somos entes eternos, todos tenemos el tiempo contado y es más fácil que en un futuro te arrepientas de no haberte expresado como querías que de lo que sí hiciste. Claro está que todo esto es siempre y cuando no dañes a nadie. **Ojo, no somos inconscientes, solo somos adultos independieeeeeenteeeeees con guuuuuuustos... bien dementes.**
Y sí, ahora veo hacia el pasado y estoy muy orgullosa de haber sido ese patito feo que me trajo hasta aquí. Escribir este libro fue una parte sanadora dentro de mi proceso, inició como algo completamente diferente, pasé por muchas situaciones altamente estresantes y al final funcionó como un catalizador de todo eso para hacer de nuevo alquimia y convertirlo en algo bonito. Defiende tus gustos mientras no le causes daño a nadie, ámate y aprende a ser la persona que necesitabas en tu infancia.
Bye... nos leemos luego, mi cielis.

Esta obra se terminó de imprimir
en el mes de octubre de 2025,
en los talleres de Litográfica Ingramex S.A. de C.V.,
Ciudad de México.